Oliver Bürg

Akzeptanz von E-Learning in Unternehmen

Die Bedeutung von institutionellen Rahmenbedingungen,
Merkmalen des Individuums und Merkmalen der
Lernumgebung für die Akzeptanz von E-Learning

Die vorliegende Arbeit wurde im Sommersemester 2005
an der Ludwig-Maximilians-Universität München,
Department Psychologie als Dissertation angenommen.

Bibliografische Information Der Deutschen Bibliothek

Die Deutsche Bibliothek verzeichnet diese Publikation in der Deutschen
Nationalbibliografie; detaillierte bibliografische Daten sind im Internet über
http://dnb.ddb.de abrufbar.

ISBN 3-8325-1031-1

Logos Verlag Berlin
Comeniushof, Gubener Str. 47,
10243 Berlin
Tel.: +49 030 42 85 10 90
Fax: +49 030 42 85 10 92
INTERNET: http://www.logos-verlag.de

Für Wolfgang Bürg

Inhaltsverzeichnis

Kapitel 1
Problemstellung und Ziele der Arbeit

Wir leben heute in einer Wissens- und Informationsgesellschaft, in der für Unternehmen die Erfahrung und das Wissen der Beschäftigten entscheidende Wettbewerbsfaktoren geworden sind (Back, Bendel, Stoller-Schai, 2001). Daher ist heute die Notwendigkeit fortlaufender arbeitsplatznaher Weiterbildung in vielen Berufszweigen unbestritten. Dieser erhöhte Weiterbildungsbedarf bringt jedoch zum einen erhöhte Kosten für betriebliche Weiterbildung als auch zum anderen den Ruf nach zeitnahem und arbeitsplatzbezogenem Lernen mit sich. Vor dem Hintergrund dieser Entwicklungen gehen immer mehr Unternehmen dazu über, ihre Mitarbeiter[1] auch über E-Learning-Maßnahmen zu schulen (Dittler, 2002).

Jedoch wurden die Erwartungen an E-Learning nicht erfüllt und der ersten Euphorie folgte in vielen Unternehmen Ernüchterung (Haben, 2002; Hinkofer & Mandl, 2004). So berichten Unternehmen, die bereits erste Erfahrungen mit E-Learning sammeln konnten, von erheblichen Akzeptanzproblemen seitens der Mitarbeiter (Hinkofer & Mandl, 2004; Kraemer & Sprenger, 2003). Diese mangelnde Akzeptanz spiegelt sich in der unzureichenden Nutzung der E-Learning-Angebote wider (Harhoff & Küpper, 2002; vgl. Venkatesh & Davis, 2000; Venkatesh, 2000). Durch die mangelhafte Nutzung der installierten E-Learning-Systeme wird der erhoffte Nutzen von Seiten der Unternehmensleitungen oft nicht erreicht (vgl. auch Sichel, 1997). Doch worin liegen nun die Ursachen für die mangelnde Akzeptanz von E-Learning?

Das Thema „Förderung der Akzeptanz von E-Learning" gewinnt in den letzten Jahren mehr und mehr an Bedeutung in den verschiedensten Domänen (Back & Bursian, 2003). Es entwickelten sich verschiedene Erklärungsansätze für das Phänomen der unzureichenden Akzeptanz (vgl. Harhoff & Küpper, 2003; Back & Bursian, 2003; Reinmann-Rothmeier & Mandl, 1998). Diese Erklärungsansätze fokussieren auf folgende unterschiedliche Aspekte:

---

[1] In dieser Arbeit werden die Begriffe „Mitarbeiter", „Teilnehmer", „Lernende", „Probanden", etc. in ihrer generischen Bedeutung – also sowohl weibliche als auch männliche Personen umfassend – gebraucht.

Reinmann-Rothmeier & Mandl (1998) sehen die Ursache der mangelnden Akzeptanz in den institutionellen Rahmenbedingungen während des Implementationsprozesses (vgl. auch Tarlatt, 2001; v. Rosenstiel, 2000; Frese, 2000). Die neuen Technologien werden häufig lediglich additiv dem Ist-Zustand im Unternehmen hinzugefügt und nicht unter Berücksichtigung der institutionellen Rahmenbedingungen eingeführt.

Eine zweite Gruppe von Erklärungsansätzen sieht in der unzureichenden Berücksichtigung der spezifischen Voraussetzungen, Bedürfnisse und Interessen der Lernenden (Klauser, Hye-On & Born, 2004) sowie den fehlenden didaktischen Konzepten der E-Learning-Angebote (vgl. Mandl & Winkler, 2003) die Ursache für die mangelnde Akzeptanz von E-Learning. Nach Hartley und Bendixen (2001) sollte den folgenden Bereichen besondere Aufmerksamkeit gewidmet werden, um Ansätze zur Förderung der Akzeptanz von E-Learning näher zu erforschen: Instruktionsmethode und Personenmerkmale der Lernenden.

Die bisherigen Ansätze und Befunde zur Erklärung des Phänomens der mangelnden Akzeptanz bzw. zur Identifizierung von Faktoren zur Akzeptanzförderungen sind überwiegend sehr anwendungsorientiert und berücksichtigen theoretische Befunde aus der Akzeptanzforschung und der Einstellungs- und Verhaltensforschung nur unzureichend. So wird in manchen Studien (vgl. Harhoff & Küpper, 2002) das Konstrukt der Akzeptanz als Nutzung der E-Learning-Angebote definiert, andere Studien definieren Akzeptanz lediglich als Einstellung gegenüber E-Learning (vgl. Back et al., 2001).

In dieser Arbeit werden ausgehend von einer theoretisch basierten Definition von Akzeptanz (Venkatesh & Davis, 2000; Simon, 2001; Ajzen & Fishbein, 2000) Faktoren der institutionellen Rahmenbedingungen, des Individuums und der Lernumgebung abgeleitet.

Diese Arbeit verfolgt somit zum einen das Ziel, die Bedeutung der Institutionellen Rahmenbedingungen, des Individuums und der Lernumgebung für die Förderung der Akzeptanz von E-Learning zu untersuchen.

Zum anderen wird in dieser Arbeit versucht, theoretische Erkenntnisse der experimentellen Akzeptanz- (Venkatesh & Davis, 2000) und Einstellungs- und Verhaltensforschung (Ajzen & Fishbein, 2000) im Feld anzuwenden, um sowohl Erkenntnisse für die weitere anwendungsorientierte als auch für die experimentelle Forschung zu erhalten (vgl. Stokes, 1997; National Research Council, 2001).

Der theoretische Teil der Arbeit hat folgende Struktur:

In **Kapitel 2** wird der Begriff des E-Learning definiert und verschiedene Anwendungsformen werden dargestellt.

Kapitel 3 befasst sich mit dem Begriff der Akzeptanz. Akzeptanz wird in dieser Arbeit definiert als Konstrukt, bestehend aus einem Einstellungsaspekt und einem Verhaltensaspekt. Da aufgrund dieser Definition die Frage nach Förderungsmöglichkeiten der Akzeptanz die Frage nach dem Zustandekommen einer Handlung aufgrund der Einstellungen impliziert, werden in diesem Kapitel zudem Erkenntnisse der Einstellungs- und Verhaltensforschung als theoretische Grundlage dargestellt. Zum Abschluss des dritten Kapitels werden verschiedene Akzeptanzmodelle diskutiert und ein grobes Untersuchungsmodell für die empirischen Studien abgeleitet.

Kapitel 4 behandelt die institutionellen Rahmenbedingungen als mögliche Einflussfaktoren auf die Akzeptanz von E-Learning. Der Schwerpunkt dieses Kapitels liegt auf den Rahmenbedingungen, welche die Institution bzw. die Organisation zur Verfügung stellen muss, um die Akzeptanz von technischen Neuerungen zu fördern. In diesem Zusammenhang spielt vor allem der Prozess der Implementation eine entscheidende Rolle, da die Schaffung entsprechender Rahmenbedingungen der Implementation als wesentlicher Ausgangspunkt für eine erfolgreiche Einführung von E-Learning anzusehen ist. Für die Gestaltung entsprechender institutioneller Rahmenbedingungen werden in der Literatur vor allem organisationale und personale Maßnahmen sowie die technischen Rahmenbedingungen genannt. Diese Aspekte werden in diesem Kapitel näher behandelt und bisherige Befunde zum Einfluss dieser Aspekte auf die Akzeptanz von E- Learning dargestellt.

Kapitel 5 befasst sich mit den Merkmalen des Individuums und dem Einfluss dieser Merkmale auf die Akzeptanz von E-Learning. Als mögliche Einflussfaktoren werden in diesem Kapitel ausgewählte kognitive und motivationalemotionale Faktoren abgeleitet und bisherige Befunde zum Einfluss dieser Variablen auf die Einstellungs- und Verhaltensakzeptanz von E-Learning dargestellt.

Kapitel 6 behandelt Merkmale der Lernumgebung und den Einfluss dieser Merkmale auf die Einstellungs- und Verhaltensakzeptanz von E-Learning. Diese Arbeit fokussiert auf didaktische und mediale Gestaltungskriterien. Als theoretische Grundlage für die Ableitung von didaktischen Gestaltungskriterien dient der Ansatz des Problemorientierten Lernens. Als Grundlage zur Auswahl medialer Gestaltungskriterien dienen aktuelle Befunde und Erkenntnisse aus der Forschung zum Lernen mit neuen Medien.

In **Kapitel 7** wird der Gegenstandsbereich der beiden empirischen Studien vorgestellt.

Kapitel 8 beinhaltet die erste empirische Studie zur Überprüfung des Einflusses von Aspekten der Institutionellen Rahmenbedingungen auf die Akzeptanz von E-Learning.

In der in **Kapitel 9** dargestellten Studie wird der Einfluss von Merkmalen des Individuums und Merkmalen der Lernumgebung auf die Einstellungs- und Verhaltensakzeptanz empirisch überprüft.

Die Ergebnisse der empirischen Studien werden in **Kapitel 10** zusammenfassend diskutiert.

Kapitel 2
Was ist E-Learning?

In Kapitel 2 wird der Begriff des E-Learning definiert. Darauf folgend werden die verschiedenen Einsatzmöglichkeiten von E-Learning dargestellt und auf die Vor- und Nachteile der verschiedenen Formen näher eingegangen.

2.1 Begriffsklärung

Nach dem „E-Learning Action Plan" der Europäischen Kommission ist E-Learning „the use of new multimedia technologies and the internet to improve the quality of learning by facilitating access to resources and services as well as remote exchanges and collaboration" (Commission of the European Communities, 2001, S. 2).

Nach einer Definition von Back, et al. (2001, S. 28) kann E-Learning begriffen werden als „...Lernen, das mit Informations- und Kommunikationstechnologien (Basis- und Lerntechnologien) respektive mit darauf aufbauenden (E-Learning-)Systemen unterstützt bzw. ermöglicht wird."

In der Familie der E-Begriffe hat sich das „E-Learning" am deutlichsten und auch beständigsten hervorgehoben. Der erste Wortteil steht für *electronic*, elektronisch, was wiederum nicht automatisch mit der Vermittlung via Internet oder Intranet gleichzusetzen ist (vgl. Back et al., 2001). Der zweite Teil des E-Begriffs bezeichnet den Gegenstand, hier das Lernen.

Die Zahl von scheinbar synonym verwendeten Begriffen im Zusammenhang mit computerunterstütztem Lernen ist groß. Technologiebasiertes Lernen, computerunterstütztes Lernen, computerunterstützter Unterricht, intelligente Tutorielle Systeme, virtuelles Lernen, Lernen mit Multimedia, Online-Lernen, Internet-Learning, Tele-Learning oder schlicht „Lernen mit neuen Medien" sind nur einige der häufig verwendeten Begriffe (Kaltenbaek, 2003). Im Folgenden wird auf die verschiedenen Formen von E-Learning näher eingegangen.

2.2 Formen des E-Learning

Die verschiedenen Formen von E-Learning können nach Back, Seufert und Kramhöller (1998) in distributive, interaktive und kollaborative Technologien eingeteilt werden (siehe Abbildung 1)

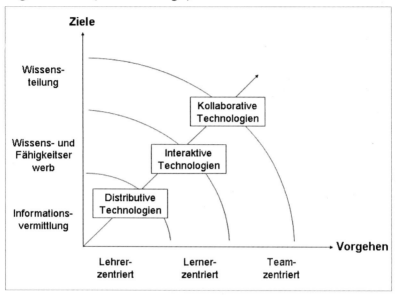

Abbildung 1: Distributive, interaktive und kollaborative Technologien in Anlehnung an Back, et al. (1998)

Distributive Technologien dienen der Informationsvermittlung und sind stark dozentenzentriert (Back, et al., 1998). Hierbei kommen Lernmethoden im traditionellen Sinn zum Einsatz, bei denen der Dozent Informationen über-mittelt, z.B. im Rahmen von Vorlesungsmaterialien, die online bereitgestellt werden, oder von elektronisch zugesandtem Material, welches der Lernende selbständig durcharbeitet. Die neuen Medien übernehmen hier die Funktion der Distribution von Information (Reinmann, 2002).

Interaktive Technologien dienen dem Wissens- und Fertigkeitserwerb und sind als lernerzentriert zu bezeichnen, da sie bestimmte Interaktionen mit dem Computer, wie beispielsweise bei CBTs und WBTs, ermöglichen (Back, et al., 1998). Die neuen Medien übernehmen hier die Funktion, eine Interaktion zwi-schen Nutzer und System zu ermöglichen (Reinmann, 2002).

Der Begriff CBT hat sich für diejenigen Lernformen etabliert, die ausschließlich lokal auf einem Computer stattfinden und so gut wie keinen Daten- oder Informationsaustausch über das Netz ermöglichen (Kaltenbaek, 2003). Man könnte hier auch von einer Offline-Version des E-Learning sprechen. Das CBT war im Jahr 2000 die gebräuchlichste Einsatzform des E-Learning, die in 80 Prozent der Unternehmen eingesetzt wurde und sich dadurch auszeichnet, dass es eine eigenständige Anwendung darstellt (Dittler, 2003). Charakteristisch für das CBT ist ein zeit- und ortsunabhängiges, selbstorganisiertes, aber auch häufig statisches Lernen. (Kaltenbaek, 2003; Lang & Pätzold, 2002, Bruns & Gajewski, 1999). In erster Linie sind CBTs damit zur Vermittlung von strukturiertem Faktenwissen geeignet. Sie implizieren einen stark sequenziellen Ablauf von Informationen mit anschließenden Übungsaufgaben, die nach einem bestimmten Schema bearbeitet werden (Lang & Pätzold, 2002). Die lange Zeit anhaltende Euphorie für das Lernen mit CBTs ist inzwischen abgeklungen. Gründe dafür liegen vor allem in den bereits erwähnten Eigenschaften der Lernsoftware. Die Inhalte sowie auch die Rückmeldungen, die der Lernende erhält, bleiben meist starr und formalisiert (Lang & Pätzold, 2002).

Das WBT kann als netzbasierte Variante des CBT aufgefasst werden. Eine Distribution der Lernprogramme erfolgt hier nicht mittels CD-ROM sondern über das Internet beziehungsweise über das Intranet. WBT stellt also sozusagen die Online-Version des E-Learning dar. Der Anwender ruft hierbei Daten, Programme oder Module von einer zentralen Datenbank ab und arbeitet lokal mit der entsprechenden Lernsoftware. Eine ständige Verfügbarkeit aller Daten und Programme sowie auch die Möglichkeit einer einfachen Aktualisierung sind hier ein großer Vorteil. Als wesentlicher Unterschied zu CBTs kommt hinzu, dass bei WBTs auch der Aspekt der Kommunikation Berücksichtigung findet. Elemente wie E-Mail, Chat oder Foren, die unmittelbar in die Datenbank integriert sind, erlauben dabei entweder eine synchrone oder asynchrone Kommunikation. Dies fördert nicht nur den Austausch zwischen den Lernenden, sondern ermöglicht auch eine Betreuung durch die Lehrenden (Lang & Pätzold, 2002).

Nun gibt es neben dem klassischen Lernprogramm auf CD-ROM, dem CBT und dem WBT auch das virtuelle Lernen. Dies sind nun die *kollaborativen Technologien*, wobei die neuen Medien die Funktion übernehmen, eine Kollaboration zwischen den Lernenden anzustoßen (Reinmann, 2002). Mit Hilfe kollaborativer Technologien ist teamzentriertes Lernen möglich. Dabei interagieren mehrere Individuen auf der Basis des Mediums. Virtuelle Konferenzräume, Diskussionsforen oder Chaträume bieten hierfür vielfache Möglichkeiten. Durch die Verknüpfung vieler Computer zu Netzwerken oder durch die Nutzung des Firmen-Intranets entsteht ein virtueller Lernraum, der für Kommunikation und Interaktion genutzt werden kann. Im virtuellen Lernraum sind Lehrende und Lernende räumlich voneinander getrennt – allerdings in einem virtuellen Raum zusammengeschaltet. Diese Räume lassen sich beliebig, je nach Kontext, variieren. Denkbar sind dabei beispielsweise virtuelle Klassenzimmer oder virtuelle Konferenzräume.

Virtuelle Konferenzen, ebenfalls zu den kollaborativen Technologien zählend, sind Veranstaltungsformen, die meist auf Basis des Internet realisiert werden und in den verschiedensten Formen und Zusammenhängen stattfinden (Bremer, 1999). Die Anwendungsfelder erstrecken sich von firmeninternen Meetings über universitäre bis zu kommerziellen, netzbasierten Weiterbildungsveranstaltungen (Bremer, 1999). So umfangreich wie die Anwendungsfelder einer virtuellen Konferenz, so verschieden sind auch die Formen. Das Spektrum erstreckt sich dabei von Live-Übertragungen im Internet über Videokonferenzen mit mehreren Teilnehmern bis hin zu Diskussionen in Online-Foren, so genannten Newsgroups (Bremer, 1999). Die Besonderheit an virtuellen Konferenzen ist nun, dass nicht mehr eine Person alleine lernt, sondern mehrere Personen gemeinsam über den Computer lernen. Es handelt sich dabei um ein Angebot, das sich an eine definierte und begrenzte Gruppe von Personen wendet, in einem definierten Zeitraum stattfindet und bei den Lernenden in Hinblick auf Erwerb, Verarbeitung und Anwendung von Wissen eine regelmäßige Kontaktaufnahme mit den Lehrenden und Mit-Lernenden erfordert (Friedrich & Hesse, 2001). Häufig ist es den Teilnehmern auch außerhalb der definierten Sitzungen möglich, den Konferenzraum zu besuchen, um gegebenenfalls, mit Hilfe der Dokumentation der Sitzung beziehungsweise der häufig zur Verfügung gestellten Glossare und Bibliotheken, offene Fragen zu beantworten. In einer virtuellen Konferenz ist die Übertragung von Video, Bild und Text möglich, so dass die Teilnehmer Vorträge Einzelner hören, sich in Diskussionen austauschen, Text übertragen und gemeinsame Grafiken einsehen und erstellen können. Meist übernimmt die Leitung einer solchen Konferenz ein Moderator, der die Sprechreihenfolge koordiniert. Neben dieser medialen Vielfalt, ist auch die zeitliche und räumliche Flexibilisierung ein bedeutender Vorteil (Bremer, 1999).

E-Learning bedeutet nicht zwangsläufig das alleinige Lernen mit dem Computer, sondern wird besonders in neueren Ansätzen (Reinmann-Rothmeier, 2003) immer häufiger mit Präsenzphasen im Sinne des Blended-Learning kombiniert. Im Blended-Learning finden virtuelle und reale Komponenten Verwendung, individuelles und kooperatives Lernen wechseln sich ab und es wird synchron und asynchron kommuniziert (Niegemann, Hessel, Hoschseid-Mauel, Aslanski, Deimann & Kreuzberger., 2004). Durch die Kombination von

Präsenz- und E-Learning-Phasen wird versucht die Vorteile beider Vermittlungsformen zu maximieren und die Nachteile zu minimieren. Es können sowohl distributive, interaktive als auch kollaborative Technologien und Module Verwendung finden.

Ein neu aufkommender Begriff in der E-Learning-Familie ist der des M-Learning, dem Mobile-Learning (Niegemann, et al., 2004; Back et al., 2001). Dabei werden die Technologien aus dem Bereich der mobilen Informations- und Kommunikationstechnologien in den Kontext von E-Learning gerückt (Niegemann et al., 2004), wobei auch hier wiederum *distributive, interaktive* sowie *kollaborative* Technologien zum Einsatz kommen können. Die Mobilität des M-Learning bedeutet die Mobilität von Lernenden, Geräten und Daten. Mit Hilfe von Notebooks und dem Internet kann ein Mitarbeiter unterwegs nicht nur Neues lernen, sondern gegebenenfalls in einem konkreten Anwendungsfall auf Best Practices, Hinweise und Literatur zurückgreifen. Ebenso kann hier der häufig erwähnte Vorteil der wegfallenden Anreisen herangezogen werden, da auch die tragbaren Geräte Funktionen wie einen Internetzugang bieten und damit eine Teilnahme beispielsweise an einer virtuellen Konferenz ermöglichen. Die Tragweite der Vorteile, aber auch der Nachteile, des M-Learning lässt sich allerdings noch nicht abschätzen, da sich im Bereich M-Learning vieles noch im Entwicklungsstadium befindet (Niegemann et al., 2004; Back et al., 2001).

Zusammenfassend kann festgehalten werden, dass E-Learning zum einen die Effizienzsteigerung der Lernprozesse und zum anderen die Verbesserung der Qualität von Lehre zum Ziel hat. Die Einführung von E-Learning ist aber gleichermaßen mit Problemen verbunden. Die geringe Qualität von E-Learning-Angeboten und die fehlende technische Ausstattung der Lernenden schränken oft die Potenziale von E-Learning ein. Lernende sehen sich darüber hinaus beim E-Learning neuen Anforderungen, z. B. beim selbstgesteuerten und kooperativen Lernen, gegenüber. Weiter kann E-Learning bei den Lernenden durch den Wegfall von sozialen Komponenten zu mangelnder Motivation führen. Auch durch die Art der Organisationskultur kann E-Learning Grenzen gesetzt werden (Bruns & Gajewski, 1999). Bei der Einführung von E-Learning in Unternehmen wurde oft eine geringe Akzeptanz der Mitarbeiter hinsichtlich dieser neuen Form der Weiterbildung festgestellt (Kraemer & Sprenger, 2003; Tarlatt, 2001; Reiß, 1997). Diese äußerte sich darin, dass die eingeführten E-Learning-Angebote nur unzureichend genutzt wurden (Harhoff & Küpper, 2002, 2003; KPMG, 2001). Vor dem Hintergrund dieser Problematik stellt sich nun die Frage, wie die Akzeptanz von E-Learning gefördert werden kann. Um diese Frage zu beantworten, wird im nächsten Kapitel auf den Begriff der Akzeptanz näher eingegangen und es werden theoretische Modelle und aktuelle Befunde zur Akzeptanz von E-Learning diskutiert.

Kapitel 3
Akzeptanz von E-Learning

In Kapitel 3 wird eine Einführung in die Akzeptanzforschung vorgenommen. Akzeptanz wird in dieser Arbeit als ein Konstrukt bestehend aus einer Einstellungs- und einer Verhaltenskomponente verstanden. Da es bei der Erklärung von Akzeptanz somit um die Frage geht, inwieweit ein Verhalten (Nutzung) aufgrund der Einstellungen zustande kommt, werden darauf folgend die einstellungs- und verhaltenstheoretischen Grundlagen erläutert. Die Diskussion aktueller Akzeptanzmodelle und die Ableitung von Konsequenzen für die vorliegende Arbeit bildet den Abschluss des Kapitels.

3.1 Einführung in die Akzeptanzforschung

Der Akzeptanzbegriff ist zu einem Schlüsselbegriff innerhalb der gesellschaftlichen und sozialwissenschaftlichen Diskussion geworden (Kollmann, 1998). Im gesellschaftlichen Kontext wird Akzeptanz oft in Zusammenhang mit der Umsetzung von politischen Entscheidungen verwendet (Simon, 2001). Im unternehmerischen Kontext kommt der Akzeptanzbegriff bei der Einführung von neuen Produkten vor. Ebenso wird er im Rahmen von Organisationsentwicklungsmaßnahmen und der häufig damit verbundenen Einführung von Informationssystemen bzw. E-Learning Maßnahmen verwendet (vgl. Simon, 2001).
Akzeptanz bezeichnet die positive Annahmeentscheidung einer Innovation durch die Anwender (Simon, 2001). Unter Innovationen werden neuartige Produkte oder Dienste verstanden. (Kollmann, 1998). Untersuchungsgegenstand der Arbeit und den unten vorgestellten Studien ist die Innovation E-Learning, in Form einer Lernplattform und eines WBTs. Der Neuigkeitsgrad dieser Art von Kommunikations- und Informationssystemen reflektiert sich auch im Stand der Akzeptanzforschung, weshalb bei den unten aufgeführten Akzeptanzmodellen oft von herkömmlichen Informationssystemen gesprochen wird. In Bezug auf E-Learning wurden bis dato noch wenige Akzeptanzmodelle entworfen (vgl. Bürg & Mandl, 2004; Simon, 2001).

In der Akzeptanzforschung hat sich die auf Müller-Böling und Müller (1986) zurückgehende Unterscheidung zwischen Einstellungsakzeptanz und Verhaltensakzeptanz etabliert. Die Einstellungsakzeptanz fasst eine affektive (gefühlsmäßige) und eine kognitive (verstandesmäßige) Komponente zusammen (Müller-Böling & Müller, 1986). Die affektive Komponente berücksichtigt motivational-emotionale Aspekte. Die kognitive Komponente der Einstellungsakzeptanz bedingt die Gegenüberstellung von Kosten und Nutzen einer Innovation unter Berücksichtigung des persönlichen Kontextes. Die Einstellungsakzeptanz von Anwendern ist nicht direkt beobachtbar (Simon, 2001; Kollmann, 2000).

Müller-Böling und Müller (1986) erweitern den Akzeptanzbegriff durch einen Aktivitätsaspekt, die Verhaltensakzeptanz. Von Verhaltensakzeptanz wird gesprochen, wenn Innovationen in Form eines beobachtbaren Verhaltens (z.B. Nutzung) angenommen werden.

Zusammenfassend betrachtet wird in der Akzeptanzforschung zwischen einem Einstellungsaspekt und einem Verhaltensaspekt unterschieden. Akzeptanz beinhaltet somit die Einstellung gegenüber einem Verhalten und das Verhalten selbst. Will man nun die Akzeptanz von E-Learning in Unternehmen untersuchen, impliziert dies die Frage, wie welche Einstellungen gegenüber der E-Learning-Maßnahme vorliegen und inwieweit sich diese in beobachtbares Verhalten niederschlagen. Darüber hinaus ist es bei Akzeptanzuntersuchungen hilfreich, Faktoren zu untersuchen, die die Einstellungen und das verhalten beeinflussen könnten.

Nachdem nun für die Arbeit relevante Begrifflichkeiten geklärt worden sind, erfolgt eine Darstellung von einstellungs- und verhaltenstheoretischen Grundlagen, da es im Rahmen der Akzeptanzforschung um die Vorhersage eines Verhaltens (Nutzung) aufgrund der Einstellungen geht.

3.2 Einstellungs- und verhaltenstheoretische Grundlagen

Die Frage, ob bzw. inwieweit aufgrund der Kenntnis von bestimmten Einstellungen das Auftreten von damit in Zusammenhang stehenden Verhaltensweisen vorhergesagt werden kann, ist ein viel diskutiertes und untersuchtes Thema in der Psychologie (Rosch & Frey, 1997). Zahlreiche psychologische Studien (für einen Überblick siehe Aronson, Wilson & Akert, 2004) stellten einen unzureichenden Zusammenhang zwischen Einstellungen und Verhalten fest. Auf der Suche nach den Ursachen für diese Befunde erkannte man, dass sich die erhobenen Einstellungen überwiegend auf globale Verhaltensbereiche bezogen, während das erfasste Verhalten oft sehr spezifisch war. Weitere Untersuchungen ergaben engere Zusammenhänge zwischen Einstellungen und Verhalten, wenn beide Größen gleichermaßen spezifisch erhoben wurden (siehe Aronson et al., 2004).

Im Laufe der Zeit etablierten sich in der Einstellungs- und Verhaltensforschung sogenannte Drittvariablen-Ansätze (siehe Fishbein & Ajzen, 1975; Ajzen & Fishbein, 1980; Ajzen & Madden, 1986; Ajzen, 1991), die durch Berücksichtigung weiterer zusätzlicher Variablen eine engere Beziehung zwischen Einstellungen und Verhalten aufdecken konnten (Ajzen & Fishbein, 2000; Aronson, et al., 2004). Ein sehr prominenter Drittvariablen-Ansatz ist die „Theorie der überlegten Handlung" (Fishbein & Ajzen, 1975 und Ajzen & Fishbein, 1980). In diesem Ansatz wird nicht das Verhalten selbst, sondern die Verhaltensintention berücksichtigt. Diese lässt sich aufgrund zweier Variablenkomplexe vorhersagen: 1. die Einstellung und 2. die soziale Norm. Die Einstellungskomponente wird dabei nicht global oder abstrakt, sondern als Einstellung zur Handlung berücksichtigt. Außerdem wird die subjektive Norm erfasst. Dabei handelt es sich um die Vorstellungen, die Personen von den Erwartungen anderer relevanter Personen hinsichtlich des fraglichen Verhaltens haben und um ihre Bereitschaft, diesen zu folgen. Dieses Modell ist nach Befundzusammenstellungen von Ajzen und Fishbein (1980) auf Einstellungen in den Bereichen Konsum, Gesundheit, Wahlen, Freizeit und Verhalten in Organisationen erfolgreich angewandt worden. Die Zusammenhänge lagen in diesen Untersuchungen häufig in einer mittleren Größenordnung. Sie fielen aber etwas schwächer aus, wenn nicht die Verhaltensintention sondern das faktische Verhalten erfasst wurde. Ajzen und Fishbein (1980) berücksichtigten die Erfolgswahrscheinlichkeit, also die Möglichkeit, dass Personen ihre Handlungen bzw. ihre Ziele nicht ausführen können, nicht. Der niedrigere Zusammenhang mit dem tatsächlich geäußerten Verhalten ist somit darauf zurückzuführen, dass Personen zwar die Intention besitzen eine Handlung auszuführen, diese aber nicht ausführen können (Ajzen & Fishbein, 2000). Aus diesem Grund bezogen Ajzen und Madden (1986) und Ajzen (1991) in ihren weiteren Untersuchungen die subjektiv wahrgenommene Kontrolle, das heißt, inwieweit man Kontrolle über das Verhalten hat und davon überzeugt ist, es ausführen zu können, mit ein. Diese Erweiterung hat sich empirisch bewährt.

Bezieht man nun diese Erkenntnisse und Befunde auf das Konstrukt der Akzeptanz, bleibt festzuhalten, dass in Bezug auf die Untersuchung von Einstellungs- und Verhaltensakzeptanz von E-Learning darauf zu achten ist, beides auf einem gleichen Spezifikationsgrad zu erheben. Die Einstellungsakzeptanz sollte somit als Nutzungseinstellung und Verhaltensakzeptanz als tatsächliche Nutzung der E-Learning-Angebote operationalisiert werden.

In Bezug auf Faktoren, die die Einstellungen beeinflussen, bleibt festzuhalten, dass die Einstellungs- und Verhaltensforschung Kontextvariablen als mögliche Einflussfaktoren weitgehend ausklammert und lediglich Personenfaktoren berücksichtigt (Bürg & Mandl, 2004).

Zudem werden in Hinblick auf personenbezogene Merkmale in den dargestellten Ansätzen lediglich die subjektive Norm und die wahrgenommene Verhaltenskontrolle miteinbezogen. In Bezug auf E-Learning in Unternehmen sollten allerdings weitere Variablen berücksichtigt werden.

Um nun mögliche personeninterne- und Kontextvariablen in Bezug auf E-Learning in Unternehmen zu diskutieren, werden Akzeptanzmodelle diskutiert, die die Akzeptanz von technologiebasierten Informationssystemen zu erklären versuchen. Zuvor erfolgt allerdings eine Darstellung aktueller Befunde zur Akzeptanz von E-Learning in Unternehmen.

3.3 Befunde zur Akzeptanz von E-Learning in Unternehmen

Bisherige Studien zur Akzeptanz von E-Learning in Unternehmen beschäftigen sich überwiegend mit der Verhaltensakzeptanz von E-Learning in den Unternehmen.

Die KPMG Consulting (2001) führte eine Studie zur Bestandsaufnahme zum E-Learning in deutschen Großunternehmen durch. An der Befragung nahmen ca. 604 Personalverantwortliche in Unternehmen mit über 1000 Beschäftigten teil. In dieser Studie wurde allerdings lediglich die Verhaltensakzeptanz im Sinne der Nutzung von E-Learning erhoben. Die Personalverantwortlichen gaben an, dass E-Learning von lediglich 50% ihrer Mitarbeiter genutzt wird. Dieser Befund deutet auf eine niedrige Verhaltensakzeptanz von E-Learning hin. Ein Grund hierfür wird in dieser Studie in dem geringen technischen Vorwissen über E-Learning auf Seiten der Mitarbeiter gesehen.

Harhoff und Küpper (2002) untersuchten in ihrer Studie ebenfalls die Akzeptanz von E-Learning. Akzeptanz operationalisierten sie in Anlehnung an Müller-Böling und Müller (1986) und Davis (1989) als Einstellung zur zukünftigen Nutzung (Einstellungsakzeptanz) und als tatsächliche Nutzung (Verhaltensakzeptanz). Als Stichprobe dienten 616 Personen aus ca. 100 deutschen Unternehmen. Die befragten Personen stammten aus den Branchen EDV/IT, Finanzdienstleistungen, Pharma bzw. Chemie und Handel. Harhoff und Küpper (2002) stellten fest, dass E-Learning von ca. 50 % der Befragten mindestens einmal pro Quartal genutzt wurde und von ca. 50 % der Befragten auch weiterhin genutzt werden wird. Dies ist allerdings eine relativ geringe Quote. Damit bestätigten sie die Ergebnisse der Studie der KPMG (2001). Ein weiteres interessantes Ergebnis stellt die Tatsache dar, dass ca. 79 % der Befragten die Absicht hatten, weiterhin die Präsenzschulung als hauptsächliche Form der Weiterbildung zu nutzen. Auch die Ergebnisse dieser Studie bestätigen die geringe Verhaltensakzeptanz für E-Learning in Unternehmen. Des Weiteren wurden in dieser Studie mögliche Faktoren untersucht, die die Verhaltensakzeptanz der Mitarbeiter beeinflussen. Ein wichtiger Befund war in diesem Zusammenhang, dass die Präferenz für herkömmliche Präsenzschulungen mit Informationsdefiziten hinsichtlich elektronischer Lernformen bei den Mitarbeitern einherging. Die meisten Mitarbeiter fühlten sich vom Unternehmen nicht gut über E-Learning informiert. Zwei Drittel der Befragten gaben an, keinen Ansprechpartner für elektronisches Lernen im Unternehmen zu haben. Ebenfalls zwei Drittel hielten den Arbeitsplatz für schlecht oder sehr schlecht geeignet, um ungestört zu lernen, obwohl CBT und WBT speziell für das Lernen am Arbeitsplatz konzipiert sind. Diese Befunde geben erste Anhaltspunkte über mögliche Faktoren zur Förderung der Verhaltensakzeptanz. Nach Harhoff und Küpper (2002) lässt sich somit auf organisationaler Ebene die Verhaltensakzeptanz der Mitarbeiter durch die Schaffung entsprechender Rahmenbedingungen fördern. Eine Möglichkeit, diese Rahmenbedingungen zu schaffen, ist nach Harhoff und Küpper (2002), dass den Mitarbeitern entsprechend Freiräume zur Bearbeitung der E-Learning-Angebote zur Verfügung gestellt werden.

Die geringe Verhaltensakzeptanz für E-Learning ist allerdings nicht nur national festzustellen. Eine Studie des ASTD und des MASIE Center (2002) in den USA ergab ebenfalls, dass E-Learning von nicht einmal 50 % der Befragten genutzt wird. Als Stichprobe dienten 7000 Mitarbeiter aus 16 Unternehmen unterschiedlicher Branchen. Die Mehrzahl der Befragten war im Vertrieb oder Marketing tätig. 70% der Befragten gaben als Ursache für die geringe Verhaltensakzeptanz die Defizite in der Informationspolitik der Unternehmen an. Hiermit bestätigte diese Studie die Befunde von Harhoff und Küpper (2002). 55 % hielten zusätzlich die unzureichende Relevanz von E-Learning für den Arbeitsalltag für eine mögliche Ursache.

Zusammenfassend lässt sich feststellen, dass die Befunde bisheriger Studien überwiegend auf die unzureichende Verhaltensakzeptanz im Sinne einer unzureichenden Nutzung von E-Learning hindeuten. Die Studie der KPMG Consulting (2001) und des ASTD und MASIE Center (2002) thematisieren lediglich den Verhaltensaspekt bzw. die Verhaltensakzeptanz. Die Einstellungen als wesentliche Voraussetzung für die Nutzung (vgl. Fishbein & Ajzen, 1975; Ajzen & Fishbein, 1980; Ajzen & Madden, 1986; Ajzen, 1991) werden in diesen Studien nicht thematisiert. Harhoff und Küpper (2002) unterschieden zwar zwischen Einstellungs- und Verhaltensakzeptanz, verzichteten allerdings auf die theoretische Erklärung von Wirkungsweisen möglicher Einflussfaktoren.

Um nun Einflussfaktoren auf die Einstellungs- und Verhaltensakzeptanz theoretisch fundiert untersuchen zu können, werden nun verschiedene theoretische Akzeptanzmodelle diskutiert.

3.4 Akzeptanzmodelle

In diesem Abschnitt werden vor allem im angloamerikanischen Raum prominente Akzeptanzmodelle betrachtet. Dies sind das Task-Technology-Fit-Model (Goodhue, 1995; Goodhue & Thompson, 1995), das Technology-Acceptance-Model (Davis, 1989; Davis, Bagozzi & Warshaw, 1989) und das Technology-Acceptance-Model 2 (Venkatesh & Davis, 2000; Venkatesh, 2000). Zudem wird in dieser Arbeit das Akzeptanzmodell für Wissensmedien (Simon, 2001) betrachtet, das speziell für die Akzeptanz von E-Learning konzipiert wurde. Der Fokus der Betrachtung der Modelle liegt hierbei zum einen darauf, wie das Zustandekommen der Verhaltensakzeptanz in diesen Modellen erklärt wird und zum anderen darauf, welche Einflussfaktoren auf Einstellungs- und Verhaltensakzeptanz in diesen Modellen berücksichtigt werden.

3.4.1 Das Task-Technology-Fit-Model

Goodhue (1995) entwickelte das Task-Technology-Fit-Model (TTFM), welches versucht, konkrete Einflussfaktoren auf die Nutzungseinstellung (Einstellungsakzeptanz) zu erklären. Die tatsächliche Nutzung (Verhaltensakzeptanz) wird in diesem Modell allerdings nicht expliziert. Goodhue (1995) geht davon aus, dass die Nutzungseinstellung (Einstellungsakzeptanz) von der Einschätzung der Systemleistung durch den Anwender beeinflusst wird. Die Einschätzung der Systemleistung wiederum wird laut TTFM durch drei generelle Einflussfaktoren beeinflusst: Aufgabe, Technologie und Individuum (Goodhue, 1995; S. 1831). Unter dem Faktor Aufgabe werden der Schwierigkeitsgrad und die Vielfältigkeit der gestellten Aufgaben zusammengefasst. Der Faktor Technologie umfasst Einflussfaktoren, die den Charakteristika des Informationssystems bzw. den Charakteristika der über das Informationssystem angebotenen Dienste zuzuschreiben sind. Zuletzt sind es noch die Fähigkeiten und Fertigkeiten des Individuums selbst, die sich auf die Bewertung eines Systems auswirken.

Alle drei Faktoren beeinflussen die Entscheidung, das System zur Erfüllung der individuellen Aufgaben einzusetzen. Daraus resultiert die Bewertung des Informationssystems und damit letztendlich auch wieder dessen Einstellungsakzeptanz (siehe Abbildung 2). Die Befunde von Goodhue (1995) und Goodhue und Thompson (1995) bestätigten den Zusammenhang zwischen der Einschätzung der Systemleistung und der Nutzungseinstellung. Auch der Zusammenhang zwischen den Faktoren Aufgabe, Technologie, Individuum und der Einschätzung der Systemleistung wurde in diesen Untersuchungen empirisch nachgewiesen.

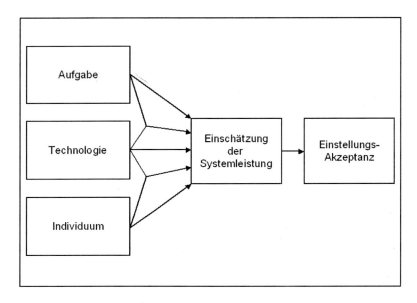

Abbildung 2: Das Task-Technology-Fit-Model nach Goodhue (1995)

Das Modell von Goodhue (1995) liefert erste Anhaltspunkte für Kontext- und Personenvariablen, die die Nutzungseinstellung (Einstellungsakzeptanz) beeinflussen, greift aber für die Erklärung der tatsächlichen Verhaltensakzeptanz zu kurz.

3.4.2 Das Technology-Acceptance-Model

Ein besonders im angloamerikanischen Raum weitverbreitetes Modell, das versucht, das Phänomen der Akzeptanz zu erklären, ist das Technology-Acceptance-Model (TAM) nach Davis (1989). Gemäß des TAM-Models ist die Verhaltensakzeptanz (tatsächliche Nutzung) von der Einstellungsakzeptanz abhängig. Weist eine Person eine positive Nutzungseinstellung auf, kommt es zu einer Nutzung. Die Verhaltensakzeptanz wiederum ist von den zwei Faktoren „perceived usefulness" (wahrgenommener Nutzen) und „perceived ease of use" (wahrgenommene einfache Bedienbarkeit) abhängig. Unter „perceived usefulness" verstehen Davis et al., (1989; p. 985) „the prospective user's subjective probability that using a specific application system will increase his or her job performance within an organizational context", und unter „perceived ease of use", „the degree to which the prospective user expects the target system to be free of effort". Je höher dadurch der Nutzen eines Systems sowie dessen einfache Bedienbarkeit gesehen wird, desto eher ist der Anwender dazu bereit, diese Anwendung zu nutzen (Davis, 1989).

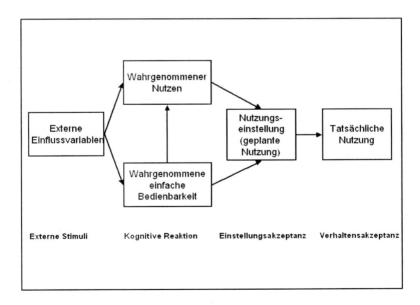

Abbildung 3: Das Technology-Acceptance-Model (Davis, 1989)

Auf die beiden Faktoren „wahrgenommene einfache Bedienbarkeit" und „wahrgenommener Nutzen" wirken wiederum externe Einflussfaktoren, die in diesem Modell nicht näher benannt werden (siehe Abbildung 3).

Im Technology-Acceptance-Model wird die Nutzungseinstellung als wesentlicher Prädiktor auf die tatsächliche Nutzung herausgestellt. Die empirischen Befunde von Davis (1989) und Davis et al. (1989) belegen diese Annahme. Als Einflussfaktoren werden der wahrgenommene Nutzen und die wahrgenommene einfache Bedienbarkeit aufgeführt. Der Zusammenhang zwischen der wahrgenommenen einfachen Bedienbarkeit und der Nutzungseinstellung fiel in diesen Untersuchungen allerdings geringer aus als der Zusammenhang zwischen dem wahrgenommenen Nutzen und der Nutzungseinstellung. Beide Korrelationen waren allerdings signifikant (vgl. auch Gefen & Straub, 2000). Die Wirkungsweise externer Faktoren wird allerdings in diesem Modell nicht weiter expliziert. Personeninterne Voraussetzungen und Kontextvariablen werden in diesem Modell somit nicht berücksichtigt. Für die Untersuchung der Akzeptanz von E-Learning in Unternehmen sollten allerdings weitere Variablen miteinbezogen werden (vgl. Back et al., 2001).

3.4.3 Das Technology-Acceptance-Model 2

Analog zum Technology-Acceptance-Model (Davis, 1989) ist auch im Technology-Acceptance-Model 2 (Venkatesh & Davis, 2000) die Nutzung eines Informationssystems von einer positiven Nutzungseinstellung abhängig. Die Nutzungseinstellung wird wiederum von den Faktoren „wahrgenommene einfache Bedienbarkeit" und „wahrgenommener Nutzen" beeinflusst. Venkatesh und Davis (2000) operationalisierten in diesem Modell die externen Stimuli, die im TAM (Davis, 1989) nicht näher benannt wurden. Das TAM 2 erklärt insbesondere den Einfluss sozialer Prozessvariablen und kognitiv-instrumenteller Variablen sowohl auf den wahrgenommenen Nutzen als auch direkt auf die Nutzungseinstellung. Unter sozialen Prozessvariablen verstehen Venkatesh und Davis (2000) die subjektive Norm, die freiwillige Nutzung und das Image des Informationssystems. Kognitiv-instrumentelle Prozessvariablen sind in diesem Modell die Relevanz des Informationssystems für das berufliche Aufgabenfeld, die Qualität des Outputs und die Nachweisbarkeit der Ergebnisse des Informationssystems (siehe Abbildung 4).

Auf die einzelnen Prozessvariablen wird im Folgenden näher eingegangen.

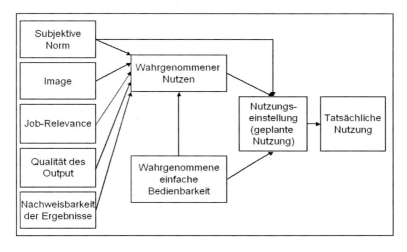

Abbildung 4: Das Technology-Acceptance-Model 2 (Venkatesh & Davis, 2000)

Subjektive Norm

In Anlehnung an Ajzen und Madden (1986) wird auch in diesem Modell die subjektive Norm als wesentliche Einflussvariable auf die Nutzungseinstellung genannt. Die subjektive Norm hat nach Ajzen und Madden (1986) einen direkten Einfluss auf die Absicht, eine Handlung zu vollziehen. Dies bedeutet, dass die Absicht, eine Handlung auszuführen, und somit die Ausführung der Handlung selbst davon abhängen, ob andere Personen dies für wichtig erachten oder nicht. Entscheidend hierfür ist der persönliche Stellenwert, der den anderen Personen vom Individuum beigemessen wird (vgl. auch Mathieson, 1991). Nach Venkatesh und Davis (2000) wird allerdings der Einfluss der subjektiven Norm auf die Nutzungsabsicht von der Variable „freiwillige oder verpflichtende Nutzung" moderiert. Die Autoren gehen davon aus, dass kein direkter Zusammenhang zwischen subjektiver Norm und der Nutzungseinstellung besteht, wenn die Nutzung des Informationssystems freiwillig ist. Der direkte Zusammenhang besteht nur, wenn das Individuum dazu verpflichtet wird, das System zu nutzen. Zudem gehen die Autoren von einem direkten Einfluss der subjektiven Norm auf den wahrgenommen Nutzen des Informationssystems durch das Individuum aus. Die Annahmen wurden in den Studien von Venkatesh (2000) sowie Venkatesh und Davis (2000) empirisch belegt. Die subjektive Norm stellt in diesem Modell die bedeutendste Einflussvariable dar.

Image

Der Begriff Image stammt aus der Diffusionsforschung und wurde von Moore und Benbasat (1991; p. 195) definiert als „the degree to which use of an innovation is perceived to enhance one's status in one's social system". Das TAM 2 geht davon aus, dass eine Interrelation zwischen subjektiver Norm und dem Image besteht, wenn bedeutende Mitglieder des sozialen Umfelds einer Person es für wichtig erachten, dass die Person diese Innovation nutzen sollte (Venkatesh & Davis, 2000). Das Image beeinflusst wiederum den „wahrgenommenen Nutzen". Auch diese Annahmen wurden in den Studien von Venkatesh und Davis (2000) empirisch belegt.

Relevanz des Informationssystems für das berufliche Arbeitsfeld

Eine kognitiv-instrumentelle Prozessvariable, die den wahrgenommenen Nutzen des Informationssystems beeinflusst und somit eine indirekte Auswirkung auf die Nutzungseinstellung bzw. die tatsächliche Nutzung ausübt, stellt im TAM 2 die Relevanz des Informationssystems für das berufliche Arbeitsfeld dar. Der wahrgenommene Nutzen des Informationssystems hängt nach Venkatesh und Davis (2000) also auch davon ab, inwieweit die Innovation in den beruflichen Alltag integriert ist und inwieweit die Innovation somit Relevanz für die Arbeit einer Person besitzt. Venkatesh und Davis (2000) stellten eine signifikante Interrelation zwischen der Relevanz für den Arbeitsalltag und dem wahrgenommenen Nutzen fest.

Output-Qualität

Als weitere kognitiv-instrumentelle Prozessvariable nennen Venkatesh und Davis (2000) die Qualität des Outputs. Bei der Entscheidung einer Person, ob das neu eingeführte Informationssystem von Nutzen ist (wahrgenommener Nutzen), spielt die Qualität des Outputs eine entscheidende Rolle. Der wahrgenommene Nutzen des Informationssystems hängt somit ebenso davon ab, ob das Informationssystem die erwarteten Ergebnisse mit sich bringt (Venkatesh & Davis, 2000). Auch dieser Zusammenhang konnte empirisch bestätigt werden (Venkatesh und Davis, 2000).

Nachweisbarkeit der Ergebnisse

Auch effektive Informationssysteme können die Einstellungs- und Verhaltensakzeptanz der Betroffenen verfehlen, wenn die Ergebnisse, die mit der Benutzung des Systems erzielt werden, keinen nachweisbaren Nutzen für den beruflichen Alltag haben. Die Nachweisbarkeit der Ergebnisse wird nach Moore und Benbasat (1991; p. 203) definiert als „the tangibility of the results by using an innovation".

Venkatesh und Davis (2000) gehen von einem Einfluss dieser kognitiv-instrumentellen Variable auf den wahrgenommenen Nutzen aus. Dieser Zusammenhang wurde empirisch bestätigt (Venkatesh und Davis, 2000).

Das Technology-Acceptance-Model 2 (Venkatesh & Davis, 2000) ist ein theoretisch elaboriertes Modell zur Erklärung der Akzeptanz von Informationssystemen. Die handlungstheoretische Grundlage bildet die Theorie von Fishbein & Ajzen (1975). Im Gegensatz zum Technology-Acceptance-Model (Davis, 1989) werden Einflussfaktoren auf die Einstellungsakzeptanz expliziert. Allerdings beschränken sich diese Einflussfaktoren auf personenbezogene Merkmale. Diese Merkmale werden in soziale und kognitive Merkmale untergliedert. Als ein wesentlicher sozialer Einflussfaktor wird die subjektiv wahrgenommene Norm (vgl. Fishbein & Ajzen, 1975; Ajzen & Fishbein, 1980; Ajzen & Madden, 1986; Ajzen, 1991) herausgestellt. Bei den kognitiven Variablen findet allerdings die subjektiv empfundene Verhaltenskontrolle keine Anwendung. Nach Ajzen & Madden (1986) hat dieser Faktor einen bedeutenden Einfluss auf die Einstellungen.

Abschließend ist in Hinblick auf die Akzeptanz von E-Learning in Unternehmen festzustellen, dass Kontextfaktoren, wie die Institution (Back et al., 2001) und die Lernumgebung (Simon, 2001) in einem Modell berücksichtigt werden müssen.

3.4.4 Das Akzeptanzmodell für Wissensmedien

Simon (2001) entwickelte ein Akzeptanzmodell für Wissensmedien. Dieses Modell ist als ein erstes Akzeptanzmodell für E-Learning zu betrachten. In diesem Model stehen der Anwender und dessen erwarteter Nutzen aus der Verwendung des Wissensmediums im Mittelpunkt. Die Akzeptanz einer Innovation wird als Entscheidungsprozess dargestellt. Der Anwender entscheidet sich für die Nutzung eines Wissensmediums, wenn das Wissensmedium unter Berücksichtigung vorhandener Einschränkungen vorhandene Bedürfnisse befriedigt und damit Nutzen schafft. Der erwartete Nutzen wird in der Einstellungsphase gebildet und ist mit der Einstellungsakzeptanz identisch. In der Nutzungsphase bildet sich anschließend eine Verhaltensakzeptanz. Eine der Einstellungsphase folgende Nutzungsphase setzt eine positive Einstellungsakzeptanz voraus. Die Verhaltensakzeptanz leitet sich aus dem wahrgenommenen Nutzen ab.

Der Nutzen eines Anwenders ergibt sich aus dem Grad der Bedürfnisbefriedigung. Je höher der erwartete bzw. wahrgenommene Grad an Bedürfnisbefriedigung, desto höher erscheint der erwartete bzw. wahrgenommene Nutzen. Dieser wird jedoch durch die Nutzungskosten reduziert. Unter Nutzungskosten werden all jene finanziellen Aufwendungen, Zeit und Anstrengungen verstanden, die dem Anwender bei der Bedürfnisbefriedigung entstehen bzw. die von ihm erwartet werden.

„Das Wissensmedium-Akzeptanzmodell geht davon aus, dass sich Anwender dann für das Wissensmedium entscheiden, wenn die vom Wissensmedium angebotenen Dienste und Funktionalitäten sie bei der Ausübung von organisationsspezifischen Aufgaben unter Berücksichtigung ihrer eigenen Fähig- und Fertigkeiten unterstützen und sie daraus ihren Nutzen ziehen (Simon, 2001; S. 106)."

In Anlehnung an Goodhue (1995) identifiziert Simon (2001) folgende generelle Bereiche von Einflussfaktoren:
- Einflussfaktoren, die im Bereich des Anwenders angesiedelt sind
- Einflussfaktoren, die aus der Gestaltung des Wissensmediums resultieren

Der Einflussfaktor „Subjektives Bild des Anwenders vom Wissensmedium" beeinflusst die Entscheidung über den tatsächlichen Nutzen des Anwenders direkt, wird allerdings auch wieder von dieser Entscheidung beeinflusst.

Das Akzeptanzmodell für Wissensmedien ist ein speziell für virtuelle Lehr-Lern-Formen bzw. E-Learning konzipiertes Modell. Als Einflussfaktoren werden hier die Merkmale des Anwenders und die Merkmale der Lernumgebung genannt.

Kontextfaktoren werden auch in diesem Modell nicht berücksichtigt. Ebenso sind anhand dieses Modells keine Aussagen über das Zustandekommen der tatsächlichen Nutzung des Wissensmediums möglich, da auch hier eine handlungstheoretische Grundlage fehlt.

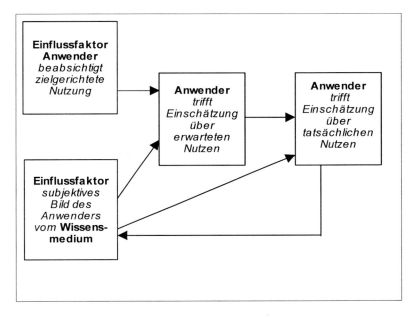

Abbildung 5: Das Wissensmedien-Akzeptanzmodell nach Simon (2001)

3.4.5 Diskussion der Akzeptanzmodelle

In Kapitel 3 wurden verschiedene Modelle zur Erklärung von Akzeptanz vorgestellt. Diese Modelle fokussieren insbesondere bei der Erklärung von externen Faktoren auf die Akzeptanz auf verschiedene Aspekte. Gemeinsam ist den Modellen, dass sie Akzeptanz als ein Konstrukt, bestehend aus einem Einstellungs- und einem Verhaltensaspekt, erklären. In diesem Zusammenhang spielen somit Erkenntnisse aus der Einstellungs- und Verhaltensforschung eine wesentliche Rolle.

Das Modell von Goodhue (1995) fokussiert lediglich den Einstellungsaspekt. Davis (1989) sowie Venkatesh und Davis (2000) beziehen den Verhaltensaspekt in ihre Modelle mit ein.

Bezüglich der Einflussfaktoren auf die Einstellungsakzeptanz wird von Goodhue (1995), Davis (1989) sowie Venkatesh und Davis (2000) die Einschätzung des Systems hinsichtlich des wahrgenommenen Nutzens als wesentlicher Einflussfaktor angesehen.

Das Technology-Acceptance-Model und das Technology-Acceptance-Model 2 versuchen eine Handlung, in diesem Fall die Entscheidung, ob ein Informationssystem aufgrund der Einstellungen genutzt wird oder nicht, zu erklären. Aus diesem Grund ist ein theoretischer Bezug zur Einstellungs- und Verhaltensforschung notwendig. Das Technology-Acceptance-Model 2 (Venkatesh & Davis, 2000) erklärt die konkreten Zusammenhänge handlungstheoretisch mit der „theory of reasoned action" (Fishbein & Ajzen, 1975; Ajzen & Fishbein, 1980). Allerdings beschränkt sich das Technology-Acceptance-Model 2 lediglich auf die Erklärung von personenbezogenen Merkmalen auf die Einstellungs- und Verhaltensakzeptanz. Die Auswahl der Personenvariablen ist in diesem Modell sehr additiv und durch mangelnden theoretischen Bezug gekennzeichnet. So werden Variablen, wie die subjektive Norm und die Relevanz für den Arbeitsalltag auf einer Ebene nebeneinander genannt. Die Relevanz für den Arbeitsalltag ist aber in Anlehnung an Theorien der Implementationsforschung (vgl. Back et al., 2001; Back & Bursian, 2003; Tarlatt, 2001) als Faktor für die Integration in die Arbeitsprozesse und somit als Kontextfaktor zu betrachten. Der Einfluss von Kontextvariablen wird in diesem Modell nicht artikuliert. Hier wiederum bieten das Task-Technology-Fit-Model (Goodhue, 1995) und das Akzeptanzmodell für Wissensmedien (Simon, 2001) erste Anhaltspunkte. Diese Modelle benennen die Faktoren Aufgabe und Technologie als mögliche Einflussfaktoren. Diese Faktoren werden aber wiederum nicht genauer spezifiziert.

Die Diskussion der Modelle erbrachte bezüglich der Erfassung von Akzeptanz wichtige Anhaltspunkte für die Konzeption eines Modells zur Untersuchung der Akzeptanz von E-Learning in Unternehmen. In Bezug auf mögliche Einflussfaktoren ist es im Kontext von E-Learning notwendig, einige Modifikationen und Ergänzungen vorzunehmen. So erscheint es sinnvoll, die in den Modellen genannten zahlreichen Faktoren theoretisch basiert zusammenzufassen, zu ergänzen und für den Kontext E-Learning anzupassen.

3.4.6 Konsequenzen für die vorliegende Arbeit

3.4.6.1 Einstellungs- und Verhaltensakzeptanz

Analog zu den Akzeptanzmodellen von Davis (1989) und dem Modell von Venkatesh und Davis (2000) wird in dieser Arbeit die Einstellungsakzeptanz als entscheidender Prädiktor der Verhaltensakzeptanz angesehen. Dies erscheint vor dem Hintergrund der „theory of reasoned action" (Fishbein & Ajzen, 1975; Ajzen & Fishbein, 1980) und der „theory of planned behavior" (Ajzen & Madden, 1986; Ajzen, 1991; Ajzen & Fishbein, 2000) fragwürdig, weil in diesen Theorien die Verhaltensintention als alleiniger Prädiktor für das Verhalten angesehen wird. Bisherige Befunde weisen einen engeren Zusammenhang der Intention mit dem Verhalten nach. Allerdings ist in diesem Zusammenhang anzumerken, dass bisherige Befunde überwiegend im Labor gewonnen wurden und unter strenger experimenteller Kontrolle stattfanden. So weisen die Befunde ebenso daraufhin (für einen Überblick siehe Frey, Stahlberg & Gollwitzer, 1993), dass der Zusammenhang zwischen Intention und Verhalten deutlich schwächer ausfällt, wenn die Erfassung der Intentionen und die Ausführung der Handlung zeitlich länger auseinander liegen (vgl. auch Henninger, 1999). Vor dem Hintergrund, dass es sich bei den vorliegenden Studien um Felduntersuchungen handelt und versucht wird, theoretische Erkenntnisse in Bezug auf Einstellungs- und Verhaltensakzeptanz im organisationalen Kontext zu untersuchen, ist es nicht möglich die zeitliche Nähe der Erfassung der Verhaltensintention und dem Zustandekommen der Handlung zu kontrollieren.

Zudem liegt der Fokus dieser Arbeit auf der Untersuchung von Personen- und Kontextvariablen, die einen möglichen Einfluss auf die Akzeptanz von E-Learning ausüben. Aus diesem Grund erscheint die „pragmatische" und im Feld bewährte Auffassung von Davis (1989) sowie Venkatesh und Davis (2000) für diese Arbeit sinnvoll. Die empirischen Befunde zahlreicher Studien (vgl. Davis, 1989; Davis, et al., 1989; Adams, Nelson & Todd, 1992; Venkatesh & Davis, 2000; Moore & Benbasat, 1991; Lim & Benbasat, 2000) belegen den Zusammenhang der Einstellungsakzeptanz mit der Verhaltensakzeptanz. In diesen Studien wurde durchwegs eine hohe Varianzaufklärung der Verhaltensakzeptanz durch die Einstellungsakzeptanz erreicht.

3.4.6.2 *Faktoren, die die Akzeptanz von E-Learning beeinflussen*

Die Analyse der oben dargestellten Modelle ergab erste wichtige Anhaltspunkte bezüglich personenbezogener Variablen und ihren Einfluss auf die Einstellungs- und Verhaltensakzeptanz. Allerdings sollte die Auswahl der Personenfaktoren theoriegeleitet und unter Berücksichtigung aktueller Befunde erfolgen (vgl. Bürg & Mandl, 2004; Reinmann-Rothmeier & Mandl, 1998).

Zudem ist die Berücksichtigung von Kontextfaktoren und der Zusammenhang mit der Einstellungs- und Verhaltensakzeptanz von besonderer Bedeutung (vgl. Tarlatt, 2001; Rosenberg, 2001). In Bezug auf E-Learning sollten zum einen die Institution (Back & Bursian, 2003; Tarlatt, 2001) und zum anderen Merkmale der E-Learning-Angebote bzw. der Lernumgebung miteinbezogen werden.

Diese Arbeit konzentriert sich somit auf die Untersuchung von Faktoren der Institution, der Lernumgebung und des Individuums und den Zusammenhang dieser Faktoren mit der Akzeptanz. In wird ein erstes grobes Untersuchungsmodell dargestellt, das wesentliche Elemente der obendargestellte Aspekte berücksichtigt und die einzelnen Einflussfaktoren nach den Dimensionen Institution, Lernumgebung und Individuum zusammenfasst. In dieser Arbeit wird der Zusammenhang dieser Faktoren mit der Einstellungsakzeptanz untersucht.

Das Modell zur Untersuchung der Akzeptanz von E-Learning in Unternehmen betrachtet, in Anlehnung an das Technology-Acceptance-Model (Davis (1989) und an das Technology-Acceptance-Model 2 (Venkatesh & Davis, 2000), die Einstellungsakzeptanz als wesentlichen Prädiktor der Verhaltensakzeptanz. Auf die Einstellungsakzeptanz wirken wiederum die Faktoren institutionelle Rahmenbedingungen, Merkmale des Individuums und Merkmale der Lernumgebung.

Ein direkter Zusammenhang der Aspekte der institutionellen Rahmenbedingungen, der Lernumgebung und des Individuums mit der Verhaltensakzeptanz wird in dieser Arbeit aufgrund der Befunde der Akzeptanzforschung (vgl. Venkatesh & Davis, 2000) und der Einstellungs- und Verhaltensforschung (Ajzen & Fishbein, 2000) nicht angenommen.

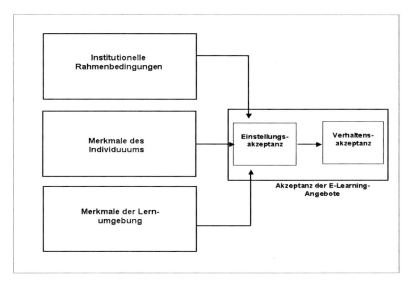

Abbildung 6: Modell zur Untersuchung der Akzeptanz von E-Learning

Nachdem nun ein grobes Untersuchungsmodell theoretisch abgeleitet wurde, erfolgt im Folgenden eine nähere Spezifizierung der Dimensionen Institution, Lernumgebung und Individuum.

Kapitel 4
Institutionelle Rahmenbedingungen

Kapitel 4 beschäftigt sich mit Aspekten der im vorherigen Abschnitt genannten institutionellen Rahmenbedingungen und dem Einfluss auf die Einstellungs- und Verhaltensakzeptanz von technischen Neuerungen. Der Schwerpunkt dieses Kapitels liegt in der Darstellung derjenigen Rahmenbedingungen die eine Institution bzw. eine Organisation zur Verfügung stellen muss, um die Akzeptanz von technischen Neuerungen zu sichern. In diesem Zusammenhang spielt vor allem der Prozess der Implementation eine entscheidende Rolle, da die Schaffung entsprechender Rahmenbedingungen der Implementation als wesentliche Voraussetzung für eine erfolgreiche Einführung von E-Learning anzusehen ist (vgl. Tarlatt, 2001; Back et al. 2001). In der Implementationsforschung wurde eine Vielzahl von Ansätzen (Tarlatt, 2001; Reiß, 1997; Rosenberg, 2001; Back et al., 2001) entwickelt, damit entsprechende Maßnahmen getroffen werden können, um die Akzeptanz der Mitarbeiter für die Neuerung zu fördern. Im Rahmen dieser Arbeit werden ausgewählte personale und organisationale Maßnahmen sowie Aspekte der technischen Ausgestaltung der Implementation aufgeführt und ihr Einfluss auf die Akzeptanz von E-Learning untersucht.

4.1 Implementation von E-Learning in Unternehmen

Bisherige Implementationsmodelle konzentrieren sich auf das Ziel, vorhandene (theoretische) Konzepte, wissenschaftliche Erkenntnisse, Neuerungen, etc. in der Praxis anzuwenden: Implementation gilt als Umsetzung wissenschaftlicher Erkenntnisse in gesellschaftliche Praxis bzw. in praktisches Handeln (Euler & Sloane, 1998, S. 312) oder als gezielte Einführung von Innovationen im Sinne der Umsetzung von Neuerungen (Breuer & Höhn, 1998). Die meisten Implementationsmodelle postulieren vor diesem Hintergrund verschiedene Phasen der Implementation: die Initiierung oder Vorbereitung (einschließlich Zielsetzung, verschiedene Analyseschritte und

Schaffung von Rahmenbedingungen), die (erste) Umsetzung bzw. Anwendung (einschließlich Qualifizierungsprozesse und andere Maßnahmen), die Evaluation und die Institutionalisierung (z. B. Sonntag, Stegmaier & Jungmann, 1998; Euler & Sloane, 1998; Fullan, 1991). Implementation ist ein Beispiel für das Theorie-Praxis-Problem (Kremer, 2003), das vor allem in der Pädagogischen Psychologie ein ständiger Begleiter wissenschaftlicher Arbeit ist. Hier gibt es grundsätzlich zwei Positionen (Kremer, 2003): Entweder man geht von einem Primat der Theorie aus, so dass Theorien die Praxis bestimmen und Anleitungen für die Praxis geben sollen – das entspricht auch dem traditionellen Verständnis von Implementation im obigen Sinne. Oder man geht vom Primat der Praxis aus, so dass die Theorie der Praxis dienen muss und auf diese hin auszurichten ist.

In letztere Richtung geht z. B. Kremer (2003): Für ihn ist Implementation (von Theorien aus dem Bereich des Lernens und Lehrens) eine Gestaltung didaktischer Felder und nicht bloß ein Transfer von der Wissenschaft in die Praxis; zudem ist Implementation immer auch ein Lernprozess für alle Beteiligten. Den Aspekt des Lernens bzw. der Veränderung führt auch Fullan (1991) ins Feld: Er versteht unter Implementation „die Veränderung eines Brauchs durch die Anwendung einer neuen Idee oder eines neuen Produkts" (Fullan, 1991, S. 1983).

In der Literatur finden sich nun auch verschiedene Konzepte über die erfolgskritischen Faktoren oder limitierenden Rahmenbedingungen für eine erfolgreiche Implementierung von E-Learning.

So definiert Rosenberg (2001) vier Faktoren, die „Four C's for Success": Culture, Champions, Communications, Change. Für Rosenberg sind im weitesten Sinne unternehmerische Faktoren für eine erfolgreiche Implementierung ausschlaggebend. Eine offene Lernkultur, die Unterstützung durch das Senior Management, die erfolgreiche Kommunikation des Projektes und seiner Vorteile für die Mitarbeiter sowie ein Veränderungsprozess, der diese Erfolgsfaktoren in die Weiterentwicklung der Organisation und der Mitarbeiter einbettet (Kraemer & Sprenger 2003).

Aus einer mehr methodischen Sicht, dennoch aber mit ähnlichem Inhalt, definieren Habermann & Kraemer (2002) fünf typische Problembereiche, die Einfluss auf die Planung eines Implementierungsvorhaben ausüben. Dieses sind Komplexitäts-, Informations-, Ressourcen-, Entscheidungs- und Koordinationsprobleme.

Allen diesen Positionen ist gemeinsam, dass ein E-Learning-Vorhaben weniger auf Basis eines technischen Implementierungsprozesses, sondern auf Grundlage der erforderlichen Organisationsentwicklung und organisatorischen Einbindung unter besonderer Berücksichtigung des Individuums betrachtet werden sollte (vgl. Kraemer & Sprenger, 2003). Auch die Praxis zeigt, dass viele Implementationsvorhaben daran scheitern, dass die neuen Technologien lediglich additiv einem Ist-Zustand hinzugefügt und nur aus der technischen Perspektive betrachtet werden (Back & Bursian, 2003; Reinmann-Rothmeier & Mandl, 1998).

Die Ansätze von Kremer (2003), Rosenberg (2001) und Kremer und Sprenger (2003) nennen verschiedenste Erfolgsfaktoren für die Implementation von E-Learning in Unternehmen. Die Zusammenstellung dieser Erfolgsfaktoren erscheint allerdings recht additiv. Für die Ableitung konkreter Faktoren, die einen Einfluss auf die Akzeptanz von E-Learning ausüben bedarf es allerdings einem übergeordneten Modell zur Implementation.

Back et al. (2001), entwickelten ein solches Referenzmodell, das versucht einen Ordnungsrahmen zu bieten, sozusagen eine Landkarte, anhand derer E-Learning in bestehende organisationale Strukturen neu eingebettet werden kann. Schwerpunkt dieses Referenzmodells sind Strategien, nach denen E-Learning implementiert wird, und die Tatsache, dass eben diese Implementation als systemischer Wandel zu verstehen ist. Die unternehmensweite Einführung von E-Learning-Maßnahmen sollte also durch eine Strategie vorbereitet und begleitet werden, die die Ausrichtung an den Unternehmenszielen, Überschneidungspunkte mit anderen ähnlichen Projekten und die Kontrolle der einzelnen Phasen in sich vereint und bündelt (Back et al., 2001).

Grundsätzlich können zwei Formen der Strategieentwicklung unterschieden werden. Zum einen die top down orientierte und deduktive Strategieentwicklung, die zu einer in sich konsistenten und abgewogenen Strategie führt. Problematisch bei dieser Art von Strategien kann jedoch sein, dass sie häufig abstrakt und zuweilen schlecht akzeptiert werden.

Zum anderen die bottom up orientierte und induktive Strategie, die aus den Anforderungen des Alltags entstehen und meistens gut akzeptiert sind. Die Problematik hierbei könnte sein, dass diese Art von Strategien zu stark lokal gebunden sind und beispielsweise nur einen Teil einer Organisation berücksichtigt und sich durch ihre Pragmatik nur schlecht auf andere Bereiche der Organisation übertragen lässt.

Es wird also deutlich, dass, um weder dem Problem der Abstraktheit noch dem der Beschränktheit zu verfallen, eine E-Learning Strategie beide Arten in sich vereinen und sowohl die Ansprüche des Unternehmens als auch die der einzelnen Unternehmenseinheiten und –mitglieder verbinden sollte.

Die Einführung von E-Learning führt somit dazu, dass bestehende Strukturen und Abläufe sowie die damit verbundenen Funktions- und Wissensträger in Frage gestellt werden. Bewährte und eingespielte Verhaltensweisen in der Aus- und Weiterbildung und auch in den täglichen Arbeitsabläufen müssen unter Umständen verabschiedet werden. Dabei wird von den Mitarbeitern verlangt, sich auf Neues einzulassen, Unsicherheit zu ertragen und sich neue Kompetenzen und Verhaltensweisen anzueignen. Sowohl das Lern- und das Kursverständnis als auch die Lernkultur und die Lern- und Arbeitsformen werden in Frage gestellt und verändert.

Diese breite Veränderung von Selbstverständnissen macht deutlich, dass die Einführung von E-Learning-Maßnahmen nicht nur ein technisches Projekt ist, sondern ein sozialer Prozess, der bei den Beteiligten nicht nur zu Unsicherheiten, sondern zuweilen auch zu übertriebenen Erwartungen führen kann (Back, et al., 2001; Tarlatt, 2001).

Die Berücksichtigung der Betroffenen stellt eine wesentliche Voraussetzung für eine erfolgreiche Implementation dar. Hierbei spielen die im nächsten Abschnitt aufgeführten psychologischen Aspekte der Implementation eine wesentliche Rolle.

4.2 Relevante psychologische Aspekte der Implementation

Bei der Einführung einer Neuerung ist man, wie in Kapitel 4.1 erwähnt, vor allem auf die Unterstützung der Mitarbeiter angewiesen (Tarlatt, 2001). Ausschlaggebend sind dabei nach Tarlatt (2001) die psychologischen Aspekte Wahrnehmung, Reaktanz, Widerstand und Konflikt, die kurz erläutert werden.

Wahrnehmung. Der Erfolg einer Implementation ist von der Wahrnehmung von Situationen und Sachverhalten abhängig. Individuen haben eine unterschiedliche Wahrnehmung des Nutzens der Implementation einer Neuerung, da sie die wahrgenommenen Informationen lediglich auf der Basis ihrer vorangegangenen Erfahrungen und motivationalen Aspekte interpretieren (vgl. hierzu Gerstenmaier & Mandl, 1995). Die Bewertung in Bezug darauf, wie erforderlich und sinnvoll eine Neuerung ist, ist daher eher subjektiver Natur. Für das Implementationsvorgehen bedeutet dies, dass die Betroffenen und Beteiligten den Nutzen der Neuerung realisieren. Die Wahrnehmung ist beeinflussbar, beispielsweise kann die Motivation der Wahrnehmung durch Anreizmaßnahmen gesteigert werden (Tarlatt, 2001).

Reaktanz und Widerstand. Widerstand als Folge von Reaktanz ist ein Phänomen, das maßgeblich zum Gelingen oder Misslingen eines Implementationsvorhabens beiträgt. Als Reaktanz bezeichnet man einen motivationalen Spannungszustand, der auf den Widerstand gegenüber einer drohenden oder bereits geschehenen Einengung und auf die Beibehaltung oder Zurückgewinnung eines Verhaltensspielraums ausgerichtet ist (Dickenberger, Gniech & Grabitz, 1993). Individuen sind bestrebt, Reaktanz zu reduzieren. Dies kann durch eine Verhaltensänderung hinsichtlich der veränderten Situation oder durch kognitive Umstrukturierungen geschehen. Im Hinblick auf Verhaltensänderungen zeigen sich beispielsweise Trotzreaktionen, Fluchtreaktionen oder Agressionsreaktionen (Brehm & Brehm, 1981; Brehm, 1966). Bei der kognitiven Anpassung geht es dem Individuum darum, die blockierten Alternativen aufzuwerten. Dieses Verhalten wird als Widerstand bezeichnet. Der sich als Folge der Reaktanz entwickelnde Widerstand kann dazu führen, dass die Implementation erheblich gestört wird, beispielsweise durch Verzögerungen im Prozess. Widerstand tritt nach Tarlatt (2001) in unterschiedlicher Form auf: als offener und als verdeckter Widerstand. Offener Widerstand äußert sich z. B. in Bemerkungen über Missstände oder implementationsrelevante Situationen. Verdeckter Widerstand ist implizit am Verhalten von Individuen oder Gruppen erkennbar. Widerstand entsteht beim Individuum, wenn ein ausreichend hohes Niveau der Reaktanz erreicht wurde. Auslöser sind beispielsweise Angst vor Arbeitsplatzverlust, Ungewissheit über Ausmaß und Konsequenzen einer Veränderung, Angst vor Autonomieverlust, mangelnde Bereitschaft, neue Fähigkeiten und Verhaltensweisen zu erlernen.

Konflikt. Konflikte ergeben sich häufig in Situationen, in denen Entscheidungen von mehr als einer Person getroffen werden. Dies ist bei komplexen Implementationsvorhaben der Fall. Ein Konflikt kann als Prozess betrachtet werden, bei dem eine Partei absichtlich so agiert, dass die Bemühungen einer zweiten Partei durch eine Blockade vereitelt werden (Tarlatt, 2001). Je früher Konflikte im Implementationsprozess erkannt und Blockaden verhindert werden, desto reibungsloser kann eine Implementierung ablaufen. Eine Konfliktanalyse kann konfliktbedingten Störungen des Einführungsprozesses vorbeugen. Problematisch dabei ist, dass Konfliktsituationen häufig nur verdeckt vorhanden sind. Eine Konfliktlösung kann in diesem Fall nur schwer gefunden werden, da die Möglichkeit einer offenen Konfliktanalyse nicht gegeben ist (Raimond & Eden, 1990). Um im Implementationsprozess zielführend auf Konflikte einwirken zu können, ist es wichtig, mögliche Konfliktursachen zu betrachten. Beispielsweise können heterogene Gruppenzusammensetzungen, Rollenkonflikte, Machtausübung oder knappe Ressourcen Konflikte auslösen (Tarlatt, 2001).

Die erfolgreiche Implementierung von Neuerungen ist maßgeblich von der Annahme durch die Betroffenen abhängig (Gratton, 1996). Ein bedeutsames Ziel eines Implementierungsvorhabens ist somit die Vermeidung von Reaktanz und die Steigerung der Akzeptanz bei den Betroffenen.

Um dies zu erreichen nennen verschiedene Implementationsansätze organisationale, personale und technische Maßnahmen (Barki & Hartwick, 1989; Joshi, 1991; Hammer & Champy, 1994; Tarlatt, 2001; Back et. al, 2001; Hinkofer & Mandl, 2004; Kraemer & Sprenger, 2003, Reiß, 1997; 1999).

4.3 Organisationale Maßnahmen

Wie bereits zu Beginn dieses Kapitels erwähnt, werden Maßnahmen auf organisationaler Ebene in der Implementationsliteratur (vgl. Rosenberg, 2001; tarlatt, 2001) zur Akzeptanzförderung aufgeführt.

Eine große Herausforderung bei der Einführung von Neuerungen wie E-Learning ist die damit verbundene Integration der neu eingeführten Maßnahme in die Arbeitsprozesse. Viele Implementationsvorhaben scheitern daran, dass sie nicht in die Arbeitsprozesse eingebettet werden (Back et al., 2001).

Um die Integration des zu implementierenden Gegenstandes zu ermöglichen, werden in der Implementationsliteratur verschiedenste Maßnahmen genannt. Die hier erarbeitete Maßnahmenzusammenstellung kann jedoch nicht den Anspruch erheben, vollständig abgeschlossen zu sein, sondern sie hält ein Portfolio von Maßnahmen bereit, die jeweils abhängig vom individuellen Implementationsvorhaben sowie von der Ausgangssituation und den Zielvorstellungen der Implementation angewendet werden können (für einen ausführlichen Überblick siehe Bullinger & Stiefel, 1997).

Im Kontext der Implementation von Neuerungen steht die Organisation mit der zu implementierenden Neuerung in einer Interdependenzbeziehung. Die Organisationsstruktur ist in diesem Kontext sowohl Instrument der Umsetzung als auch Ausgangspunkt und Grundlage für die Konzeption der Neuerung (Frese, 2000). Daher kommt der Veränderung und Anpassung der Organisationsstruktur bei der Implementation von Neuerungen eine entscheidende Rolle zu.

Organisationale Maßnahmen können nach Tarlatt (2001) grundsätzlich in *Autonomie-* und *Optimierungsmaßnahmen* untergliedert werden.

4.3.1 Autonomiemaßnahmen

Autonomiemaßnahmen verfolgen die grundsätzliche Zielsetzung, Mitarbeitern mehr Entscheidungskompetenz zu übertragen bzw. die Entscheidungsfelder von Organisationseinheiten zu vergrößern.
Eine Einheit hat Entscheidungsautonomie, wenn die zulässige Handlungsmenge noch Handlungsalternativen enthält (Frese, 2000). Besteht keine Entscheidungsautonomie, dann geht es nur noch um die Realisierung der Entscheidung. Nach Hackmann und Lawler (1971) führt das Gefühl eines Organisationsmitgliedes, persönlich für einen sinnvollen Teil seiner Aufgaben verantwortlich zu sein, zu einer Motivations- und Akzeptanzsteigerung.
Möglichkeiten, diese Entscheidungsautonomie einzelner Organisationseinheiten zu gewährleisten, sind die Bildung abgegrenzter organisatorischer Einheiten, die Abflachung von Hierarchien oder die Etablierung neuer Führungskonzepte (Frese, 2000; Tarlatt, 2001).
Auf individueller Ebene bedeutet die Gewährleistung von Entscheidungsautonomien, den betroffenen Mitarbeitern Freiräume am Arbeitsplatz zur Verfügung zu stellen, um sich mit der Neuerung auseinander zu setzen, und ihnen somit eine gewisse Autonomie und Entscheidungsspielraum zu gewährleisten (vgl. Frese, 2000; Reiß, 1997; v. Rosenstiel, 2000; Tarlatt, 2001).
In dieser Arbeit wird das Vorhandensein entsprechender Freiräume für die Bearbeitung von E-Learning als eine organisationale Maßnahme betrachtet und untersucht, inwieweit das Vorhandensein entsprechender Freiräume mit der Einstellungs- bzw. Verhaltensakzeptanz zusammenhängt. Harhoff und Küpper (2002) untersuchten in ihrer Studie zur Akzeptanz von E-Learning, das Vorhandensein entsprechender Freiräume am Arbeitsplatz zur Bearbeitung der E-Learning-Maßnahme als Indikator für organisationale Rahmenbedingungen. Die Daten, die jeweils durch eine subjektive Einschätzungen der Befragten erhoben wurden, zeigen, dass ein signifikant positiver Zusammenhang zwischen der Schaffung entsprechender Freiräume am Arbeitsplatz und der Nutzung der E-Learning-Maßnahme besteht. Auch hier wurde der Einfluss der Einstellungsakzeptanz als vermittelnde Variable, wie bereits mehrfach erwähnt, nicht berücksichtigt.

Die Befundlage zum Einfluss der Schaffung von Freiräumen beschränkt sich auf die Akzeptanz-Studie von Harhoff & Küpper (2002). Doch lassen diese Befunde sowie auch die oben geschilderte Theorie darauf schließen, dass ein Zusammenhang zwischen der Schaffung von Freiräumen und der Einstellungs- und Verhaltensakzeptanz besteht. Daher wird auch diese Variable in der vorliegenden Untersuchung als Indikator für organisationale Maßnahmen betrachtet.

4.3.2 Optimierungsmaßnahmen

Optimierungsmaßnahmen dienen zur Optimierung der internen Abläufe einerseits und zur Optimierung der Abstimmung zwischen den Organisationsmaßnahmen und den externen Umweltbedingungen sowie der zu implementierenden Neuerung andererseits (Tarlatt, 2001). Es kann somit zwischen Maßnahmen zur *Optimierung der internen Prozesse* und Maßnahmen zur Optimierung *der Abstimmung zwischen bestehender Organisationsstruktur und des Implementationsgegenstandes* unterschieden werden.

Eine in der Literatur häufig genannte Maßnahme (Rosenberg, 2001; Frese, 2000; Tarlatt, 2001; Hammer & Champy, 1994) zur Optimierung interner Prozesse stellt die Restrukturierung dar. Unter der Maßnahme Restrukturierung wird die Veränderung der Organisationsstruktur verstanden. Restrukturierungen werden hauptsächlich angewendet, um eine bessere Anpassung der Organisationsstruktur an den Implementationsgegenstand zu erreichen.

Eine weitere Maßnahme ist in diesem Zusammenhang die Prozessoptimierung. Unter Prozessoptimierung wird die Schaffung und Verbesserung der Fertigungs-, Administrations- und Innovationsprozesse verstanden (Pearce & Robinson, 1997). Hierunter fallen auch Maßnahmen, wie zum Beispiel Standardisierung, Vereinfachung und zeitliche Parallelisierung.

Die Maßnahmen zur Optimierung von internen Abläufen finden häufig bei der Implementation von Geschäftsstrategien ihre Anwendung. In Hinblick auf die Implementation von E-Learning erscheinen vielmehr Maßnahmen zur Abstimmung zwischen der bestehenden Organisationsstruktur und der zu implementierenden E-Learning-Maßnahme von Bedeutung (Back & Bursian, 2003). Back et al. (2001) nennen in ihrem Referenzmodell zur Implementation von E-Learning die Integration von E-Learning in bestehende Prozesse als zentralen Aspekt der Abstimmung zwischen der Organisationsstruktur und der E-Learning-Maßnahme. Eine wichtige Maßnahme zur Integration von E-Learning in die bestehenden Organisationsstrukturen stellt die bedarfsgerichtete Einführung für den Arbeitsprozess relevanter Maßnahmen dar. Die *Relevanz für den Arbeitsalltag* oder *„job relevance"* (vgl. Venkatesh & Davis, 2000) ist eine wesentliche Voraussetzung für die Integration und ist als wichtige organisationale Maßnahme bei der Implementation von E-Learning zu betrachten. Dieser Aspekt findet in zahlreichen Implementationsmodellen Anwendung (vgl. Kraemer & Sprenger, 2003; Tarlatt, 2001; Hinkofer & Mandl, 2004; Reiß, 1997; Back et. al, 2001; Rosenberg, 2001). In diesen Modellen kommt der Bedarfsermittlung zu Beginn des Prozesses eine wesentliche Bedeutung für die erfolgreiche Implementation und zur Förderung der Mitarbeiterakzeptanz zu. Nach Kraemer und Sprenger (2003) wird ein Mitarbeiter ein neues Informationssystem nicht nutzen, wenn die Relevanz für sein berufliches Arbeitsfeld für ihn nicht erkennbar ist. Die „job relevance" wird somit im Rahmen dieser Arbeit als organisationale Maßnahme, die einen möglichen Einfluss auf die Akzeptanz ausübt, betrachtet.

Allerdings liegen zum Einfluss der „job relevance" auf die Einstelluungs- bzw. Verhaltensakzeptanz nur wenige empirische Befunde vor. Venkatesh und Davis (2000) untersuchten die *Relevanz des Informationssystems für den Arbeitsalltag* und ihren Einfluss auf die Akzeptanz von E-Learning. Sie fanden dabei einen indirekten Zusammenhang zwischen der Relevanz für den Arbeitsalltag und der Einstellungsakzeptanz. Dieser Zusammenhang wurde von der subjektiven Einschätzung des Informationssystems hinsichtlich des Nutzens vermittelt.

Erkenntnisse der Implementationsforschung und die Befunde von Venkatesh und Davis (2000) deuten auf einen Einfluss der „job relevance" auf die Einstellungsakzeptanz hin.

Nachdem die für die vorliegende Arbeit relevanten organisationalen Maßnahmen dargestellt wurden, erfolgt nun die Schilderung von personalen Maßnahmen.

4.4 Personale Maßnahmen

In der Literatur zur Implementation von Neuerungen (vgl. Reiß, 1997; Doppler & Lauterburg, 2002; v. Rosenstiel, 2000; Rohs, 2002) werden personale Maßnahmen als eine wichtige Voraussetzung zur Gestaltung entsprechender Rahmenbedingungen der Implementation genannt. Die besondere Berücksichtigung der Mitarbeiter durch personale Maßnahmen wird in der Implementationsforschung als eine zentrale Voraussetzung für die Förderung der Akzeptanz und somit für eine erfolgreiche Implementation angesehen

(Tarlatt, 2001, Reiß, 1997). Ein Implementationsvorhaben ist von der Zustimmung der Mitarbeiter abhängig, und somit müssen die Mitarbeiter im Prozess der Implementation besondere Berücksichtigung finden (vgl. Rosenberg, 2001; Tarlatt, 2001; Back & Bursian, 2003).

Die Berücksichtigung der Mitarbeiter durch personale Maßnahmen vollzieht sich dabei in Anlehnung an Reiß (1997) über folgende Grundbereiche: Die Information, die Qualifikation und die Motivation.
Ausgehend von diesen Grundbereichen werden von Reiß (1997) und Tarlatt (2001) folgende Zielsetzungen formuliert, die ein Implementationsvorhaben verfolgen sollte:
Eine erfolgreiche Umsetzungsarbeit...

1. informiert die Betroffenen über den Implementationsgegenstand,
2. vermittelt die für den Umgang mit der Neuerung nötigen Fähigkeiten,
3. fördert die Bereitschaft, aktiv eine Rolle im Implementationsprozess zu übernehmen.

Ausgehend von diesen Zielsetzungen können verschiedene personale Maßnahmengruppen unterschieden werden:
Informationsmaßnahmen, Qualifikationsmaßnahmen, und *Partizipationsmaßnahmen.*
An erster Stelle der personalen Maßnahmen sind die Informationsmaßnahmen zu nennen (vgl. Reiß, 1997; 1999; Doppler & Lauterburg, 2002, v. Rosenstiel, 2000). Die Information der Beteiligten wird in vielen Implementationsansätzen als zentrales Instrument zur Förderung der Akzeptanz und Vermeidung von Reaktanz genannt (vgl. Tarlatt, 2001; Reiß, 1997; Kraemer & Sprenger, 2003; Rosenberg, 2001, Back et al., 2001).
Qualifikationsmaßnahmen implizieren die Qualifizierung der Mitarbeiter in Form von Trainings oder Schulungen (vgl. Reiß, 1997). In vielen Implementationsansätzen (vgl. Talatt; Back et al., 2001) wird in diesem Zusammenhang zusätzlich die Betreuung der Mitarbeiter genannt.
Partizipationsmaßnahmen verfolgen das Ziel, die Beteiligten aktiv in den Prozess der Implementation mit einzubeziehen.
Nach Back et al. (2001) ist es unerlässlich, Vertreter aus den unterschiedlichen Anspruchsgruppen mit in den Prozess einzubeziehen – über das bloße Informieren über den Implementationsprozess hinaus ist somit auch die Partizipation am Implementationsprozess zu beachten. Dem Konzept Partizipation wird ebenfalls ein hoher Grad an Bedeutung zugeschrieben (vgl. v. Rosenstiel, 2000).

Im Rahmen dieser Arbeit werden die Aspekte der Information, der Betreuung und der Partizipation und deren Einfluss auf die Akzeptanz von E-Learning untersucht. Im Folgenden erfolgt eine detaillierte Darstellung dieser Aspekte und die Diskussion bisheriger Befunde zum Einfluss auf die Einstellungs- und Verhaltensakzeptanz.

4.4.1 Information der Beteiligten

Eine von Zander bereits 1990 durchgeführte Studie zur Informationspolitik kam zu dem Ergebnis, dass sich 70% der Mitarbeiter in einem mittelständischen Unternehmen unzureichend informiert fühlen. Von den mit der Information Zufriedenen gaben allerdings 68% an, dass sie auch mit ihrer Arbeit zufrieden sind. Diese Zahlen zeigen auch heute noch deutlich, wie wichtig Information für die Mitarbeiterzufriedenheit und die Akzeptanz von Neuerungen ist.

Man kann unter Information eine gezielte Bereitstellung aller im Zusammenhang mit der Einführung neuer Technologien aus unterschiedlichen Bereichen stammender Nachrichten und Neuigkeiten verstehen, die über aktuelle Geschehnisse und Veränderungen im Arbeitsbereich Auskunft geben und den betroffenen Mitarbeitern zugänglich gemacht werden (Anstadt, 1994).

Zentrales Instrument der Information der Beteiligten sind Kommunikationsmaßnahmen von Seiten der Unternehmensleitung (vgl. Reiß, 1997; Tarlatt, 2001). Die Kommunikation als Form der Information der Beteiligten wird in der Literatur daher als ein Erfolgsfaktor bei Implementationsvorhaben gesehen (vgl. Galpin, 1997).

Empirische Studien zum Managementhandeln zeigen, dass Führungskräfte den größten Teil ihrer Arbeitszeit mit mündlicher Kommunikation mit ihren Mitarbeitern (mehr als 60%) verbringen (Gaßner, 1999). Demoskoposische Studien gelangen jedoch zu der Erkenntnis, dass Mitarbeiter mehr Informationen von ihren Vorgesetzten wünschen (Mintzberg, 1973; Kurke & Aldrich, 1983). Die Diskrepanz dieser Ergebnisse, nämlich, dass Führungskräfte einen Großteil der Arbeitszeit für die Kommunikation aufwenden, Mitarbeiter jedoch oft den Wunsch nach mehr Information äußern, lässt Rückschlüsse auf eine oftmals ineffiziente Kommunikation in Unternehmen zu (vgl. dazu auch Tarlatt, 2001).

Die ineffiziente Informationspolitik in Unternehmen ist zudem bei der Einführung von Neuerungen zu beobachten. So werden bereitgestellte Informationen zu anstehenden Änderungen von den Betroffenen häufig als unzureichend angesehen (Anstadt, 1994). Die möglichen positiven wie auch negativen Auswirkungen einer Informationspolitik werden oft unterschätzt (Bilger, 1991).

Das von Frey (1994) entwickelte Prinzipienmodell der Führung beschreibt, wie die Interaktion zwischen Organisations- und Personenvariablen den konstruktiven Umgang mit Innovationen fördert. In diesem Modell werden psychologische Rahmenbedingungen dargestellt, die in einem Unternehmen erforderlich sind, um Innovationen zu etablieren (Klingauf, 2003). Eine dieser Rahmenbedingungen ist das Prinzip der Transparenz (Frey, 1994). Nach Frey (1994) beschreibt Transparenz die Kommunikation und Information über eine Innovation.

In vielen Unternehmen erfolgt die Information der Belegschaft erst sehr spät, zuweilen erst nach Ende der Planungsphase, in großen Zeitabständen und bruchstückhaft. Diese oft sehr positiv und einseitig dargestellten Informationen weisen meist einen unglaubwürdigen Charakter gegenüber den Mitarbeitern auf (Frey, 1994). Mehrfach erreichen diese Informationen auch nicht die Gesamtheit der betroffenen Mitarbeiter. Dies bewirkt leicht Reaktionen wie Skepsis, Verhinderungsstrategien und Widerstand.

Um dem zu entgegnen, bedarf es nach arbeitswissenschaftlicher Auffassung im Vorfeld und während der Einführung von E-Learning Maßnahmen umfassender Informationen an alle betroffenen Mitarbeiter (vgl. Anstadt, 1994; Goertz & Johanning, 2004). Diese Vorgehensweise trägt zu einer Verbesserung der Akzeptanz seitens der betroffenen Mitarbeiter gegenüber der neu eingeführten Maßnahme deutlich bei (Anstadt, 1994; Back, Bendel & Stoller-Schai, 2001).

Harhoff & Küpper (2002) zeigten in ihrer Studie zur Akzeptanz von E-Learning, dass verschiedene Faktoren bedeutsam sind für die Akzeptanz, wobei Akzeptanz zum einen über die derzeitige Nutzung (Verhaltensakzeptanz) und über die Absicht der zukünftigen Nutzung (Einstellungsakzeptanz) definiert wurde. Sie untergliedern diese Faktoren in personenbezogene und unternehmensbezogene Faktoren. Zu den unternehmensbezogenen Aspekten zählen Harhoff & Küpper (2002) auch die Information. Ihren Ergebnissen zu Folge zeigt unter anderem die Information die stärkste Korrelation mit der derzeitigen Nutzung. Der Einfluss der Einstellungsakzeptanz als zentraler Prädiktor für die Verhaltensakzeptanz wurde in dieser Studie nicht berücksichtigt.

Auf die Frage hin, wie über die neuen Lernformen informiert wird, fühlen sich knapp die Hälfte der 616 befragten Personen schlecht bis sehr schlecht informiert, wohingegen über die Präsenzschulungen sehr gut informiert wird. Diese Befunde werden bestätigt durch eine Studie des ASTD und MASIE Center (2001) in den USA. 7000 Mitarbeiter aus 16 Unternehmen, vor allem der Branchen Vertrieb und Marketing, dienten hierbei als Stichprobe. Von 70% dieser Befragten wurden als Ursache für die geringe Akzeptanz die Mängel in der Informationspolitik der Unternehmen angegeben.

4.4.2 Betreuung der Beteiligten

Eine umfassende Betreuung der Mitarbeiter ist eine notwendige, aber keine hinreichende Voraussetzung dafür, dass neu implementierte Maßnahmen von den Benutzern akzeptiert und wirksam eingesetzt werden. Am modernen Arbeitsplatz verschwimmen heute Arbeits- und Lernprozesse, Informationsbeschaffung und Wissensaneignung (Reglin, 2004). Nicht weniger bedeutsam ist daher die Gestaltung des richtigen Arbeitsumfeldes und der Organisationsstrukturen.

In der Literatur (Joshi, 1991; Volery & Lord, 2000; Rosenberg, 2001) wird eine mangelnde Betreuung als potentieller Grund für mangelnde Akzeptanz gesehen. Vor allem während der ersten Kontakte mit der neu implementierten E-Learning-Maßnahme ist es wichtig, einen Ansprechpartner zur Verfügung zu haben. Ferner müssen die Verantwortlichkeiten klar definiert werden, um Ansprechpartner zu kennen und das Phänomen des „Lost in cyberspace" zu verhindern (Tarlatt, 2001; Back & Bursian, 2003).

Ebenfalls in den Untersuchungen von Harhoff und Küpper (2002) zur Akzeptanz von E-Learning wurde der Zusammenhang zwischen der Betreuung der Mitarbeiter und der Verhaltensakzeptanz untersucht. Der Zusammenhang mit der Einstellungsakzeptanz blieb jedoch auch hier unberücksichtig. Betreuung wurde von Harhoff und Küpper (2002) als „Vorhandsein eines Ansprechpartners" operationalisiert. Harhoff und Küpper (2002) konnten zeigen, dass die Mitarbeiter, die einen Ansprechpartner zur Verfügung hatten, eine höhere Verhaltensakzeptanz zeigten als diejenigen, denen kein Ansprechpartner zur Verfügung stand.

In Bezug auf die Einstellungs- und Verhaltensakzeptanz sind in den bisherigen Studien und Untersuchungen zur Betreuung keine weiteren Befunde vorhanden.

In der vorliegenden Arbeit wurde diese Variable berücksichtigt, da, wie die bereits geschilderte Theorie und auch die Befunde von Harhoff und Küpper (2002), vermuten lassen, dass sowohl ein Zusammenhang zwischen der Betreuung und der Einstellungsakzeptanz als auch der Nutzungsakzeptanz vorhanden ist.

4.4.3 Partizipation am Einführungsprozess

Die Partizipationsproblematik als Konflikt zwischen dem Wunsch Mitarbeiter in Entscheidungen einzubeziehen, und dem Zweifel in ihre Fähigkeiten, sie in diesen Entscheidungssituationen partizipieren zu lassen, ist häufig diskutiert worden (Domsch, Ladwig & Siemers, 1995). Kanter (1983) charakterisiert die Partizipationsproblematik folgendermaßen: „Partizipation is a way to involve and energize the rank-and-file; it is not a single mechanism or a particular program..." Partizipation soll in erster Linie eine Integration individueller und unternehmerischer Bedürfnisse bewirken. Eine Anzahl von Studien zeigt interessante Ergebnisse bezüglich der Erhöhung der Organisationseffizienz durch Mitarbeiterpartizipation in der Entscheidungsfindung (Domsch, et. al., 1995). Partizipation kann auf einen bestimmten Entscheidungsbereich eingegrenzt werden oder für einen gesamten Prozess gelten. Subjektiv empfundene Partizipation jedenfalls wirkt sich positiv auf die Arbeitsproduktivität aus (Miller & Monge, 1986). Geringe beziehungsweise keine Partizipation kann hingegen zu geringerer Arbeitszufriedenheit, Absentismus, Fluktuation und innerer Kündigung führen. Insbesondere bei der Einführung von Innovationen im Unternehmen zeigen Mitarbeiter, die nicht involviert wurden, erhebliche Widerstände gegen Neuerungen (Ram & Jung, 1991). Veränderungen werden nur dann wirksam umgesetzt, wenn die entscheidenden Menschen aktiv mitmachen (Graf-Götz, 1998). E-Learning lässt sich nicht verordnen. Es muss gewollt und verbindlich verabredet werden (Behrendt, 2004).

Zur Definition des Begriffs beziehungsweise des Konzepts Partizipation kann eines mit Sicherheit gesagt werden: Es ist ein sehr altes Konzept das auch unter dem Namen Einbeziehung, Beteiligung, Kooperation und anderem bekannt ist. Festzustellen ist auch, dass dasselbe Wort für verschiedene Interessensgruppen verschiedene Bedeutungen haben kann. Im Folgenden wird der Begriff der Partizipation, wie er in dieser Arbeit verstanden wird, erläutert und die Bedeutung der Partizipation bei der Implementation von E-Learning herausgestellt.

Der Begriff der Partizipation fand bei Rousseau (1988), Bentham (1989) und Mill (1996) in der Politik seine Anwendung. In diesem Zusammenhang lag das Hauptaugenmerk auf der Vertretung der Interessen der Bürger in der Politik (Krallmann, 1984).

Der Begriff der Partizipation im organisationalen Kontext wurde vor allem in der sogenannten „Human-Relation-Bewegung" (Krallmann, 1984; Thommen & Achleitner, 2003) geprägt. Der Fokus der „Human-Relation-Bewegung" lag auf Fragen der Autorität, der Motivation und der Arbeitszufriedenheit. Partizipation galt in diesem Ansatz als wichtiger Aspekt, durch Beschäftigtenbeteiligung an Entscheidungen die Arbeitszufriedenheit und somit die Produktivität der Mitarbeiter zu steigern. Partizipation wurde wie folgt definiert:

„Ein Prozess, in dem sich zwei oder mehr Parteien beim Erstellen von Plänen oder Richtlinien oder beim Fällen von Entscheidungen gegenseitig beeinflussen. Sie ist beschränkt auf Entscheidungen, die in der Zukunft Auswirkungen auf all diejenigen haben, die die Entscheidungen treffen, oder auf die, die von diesen vertreten werden" (Pateman, 1970; S. 3).

Neuere Forschungen aus der Organisationspsychologie, auch in Bezug auf E-Learning, unterscheiden sich wenig von diesen Definitionen und Ansichten über Partizipation. v. Rosenstiel (1997) umschreibt es plakativ: „Betroffene zu Beteiligten machen – Beteiligte zu Betroffenen machen" (siehe auch Behrendt, 2004). Hintergedanke dabei ist, die Motivation und die Akzeptanz seitens der Beteiligten zu stärken. Back et al., (2001) sehen eine Notwendigkeit darin, den Beteiligten eine Partizipations- sowie eine Mitgestaltungsmöglichkeit zu geben, auch dies, um Akzeptanz zu fördern und zu sichern. Auch Tarlatt (2001) hebt im Kontext der Implementierung von E-Learning hervor, dass Partizipation die Integration der Mitarbeiter in die Entscheidungsprozesse bedeutet und zugleich den Erfolg der Implementation und die Akzeptanz sichert. Man schließt von vornherein Ablehnung aus, wenn der Prozess der Implementierung partizipativ verläuft (Kißler, 1990; Mc Keen, Gulmaraes & Wetherbe, 1994). Die Chance zur Partizipation fördert die Bereitschaft zur Zusammenarbeit und senkt die Gefahr passiver Resistenz (vgl. Kollmann, Leuthold, Pfefferkorn & Schrefel, 2003). Aus Sicht einer Organisation können sozusagen die Vorteile der Partizipation so zusammengefasst werden, dass sie die Gruppenharmonie stärkt, zur Entwicklung eines Kooperations- und Gemeinschaftsgefühls beiträgt und die Bereitschaft zur Annahme von Gruppenentscheidungen erhöht.

Es wurde deutlich, dass es von großer Bedeutung ist, die Mitarbeiter partizipativ in Implementationsvorhaben einzubeziehen (Mandl & Winkler, 2003).

Empirische Befunde zu dieser Aussage lassen sich in einer vergleichenden Untersuchung von Barki und Hartwick (1989) finden. Gegenstand dieser Untersuchung war ein technologiebasiertes Informationssystem. Barki und Hartwick (1989) konnten einen schwach positiven Zusammenhang zwischen der Partizipation und der Verhaltensakzeptanz feststellen. Auch in dieser Studie blieb der Einfluss der Einstellungsakzeptanz als zentraler Prädiktor der Verhaltensakzeptanz unberücksichtigt. Diese Befunde wurden ebenfalls von Barki und Hartwick (1994) bestätigt.

In der Gruppe der personalen Maßnahmen wurden die Variablen Information, Partizipation und Betreuung gewählt. Die Literatur und aktuelle Befunde haben gezeigt, dass der Einfluss dieser Variablen auf die Akzeptanz von großer Bedeutung ist. In der vorliegenden Studie soll daher ihr Einfluss auf die Einstellungsakzeptanz und Verhaltensakzeptanz untersucht werden.

4.5 Technische Rahmenbedingungen

Als dritte Obergruppe neben den organisationalen und personalen Maßnahmen sind auch die technischen Rahmenbedingungen von großer Bedeutung. Hierbei wird häufig von Interfacedesigns beziehungsweise von Benutzbarkeit der E-Learning-Maßnahmen gesprochen. Ein benutzerorientiertes Interfacedesign berücksichtigt dabei, dass der Lernende nicht erst technische Hürden meistern muss, bevor an sein eigentliches Vorhaben zu lernen herangehen kann (Niegemann et al., 2004). In diesem Zusammenhang ist der Begriff der Usability von Bedeutung. Es ist demnach darauf zu achten, dass die Technik den Anforderungen der Bedienbarkeit entspricht und ohne Probleme funktionstüchtig ist (Volery & Lord, 2000; Hinkofer & Mandl, 2004).

4.5.1 Technische Probleme

Technische Vorraussetzungen stellen trotz weiter Verbreitung von Computer und Internet für viele potenzielle Nutzer nach wie vor einen begrenzenden Faktor dar (Michel, 2004). Die Akzeptanzfaktoren des technischen Bereichs betreffen vor allem die aus dem Einsatz des E-Learning hervorgehende Zuverlässigkeit und Bedienungsfreundlichkeit. Bisherige Forschungsergebnisse unterstreichen, dass eine konstruktive und funktionale

Gestaltung einer neuen Technologie einen wesentlichen Einfluss auf die Akzeptanz hat (vgl. Volery & Lord, 2000). Schlecht funktionierende E-Learning-Maßnahmen führen zu mangelnder Akzeptanz und verursachen neben Enttäuschungen vor allem Kosten (vgl. Ross, 2004).

Im Internet beziehungsweise online oder elektronisch zu lernen, ist für viele noch ungewohnt. Daher müssen bei Überlegungen zu einer virtuellen Lernumgebung, insbesondere einer virtuellen Konferenz, die technischen Anforderungen hinsichtlich ihrer Wirkung als mögliche Hindernisse betrachtet werden (Bremer, 1999). Neben der Frage nach der Ausstattung der potentiellen Teilnehmer steht auch die Frage nach deren Medienkompetenz. Das bedeutet, mit welchen Diensten und Anwendungen im Internet sind die Teilnehmer vertraut und mit welchen neuen Diensten und Anwendungen können sie konfrontiert werden. Der Online-Auftritt einer virtuellen Konferenz sollte sich also nach der Ausstattung der Teilnehmer, der Zielgruppe richten. Dabei ist etwa zu überprüfen, welche Dienste, Browser, Dateiformate und welche Hilfestellungen bevorzugt und benötigt werden (Bremer, 1999).

Virtuelle Lernumgebungen und virtuelle Konferenzen haben zwar den Vorteil, dass sie dezentral stattfinden und die Beteiligten am Arbeitsplatz oder zu Hause erreichen können. sie konkurrieren jedoch immer mit anderen Verpflichtungen, beispielsweise aus dem beruflichen Tagesgeschäft. Daher dürfen sie nicht durch technische Anforderungen und Probleme zusätzliche Hemmschwellen aufbauen (Bremer, 1999; Tergan 2004).

4.5.2 Technische Bedienbarkeit

Nach Reglin (2004) kommt in diesem Zusammenhang auch der Kernbegriff der Usability ins Spiel. Beinhaltet dieser Begriff zwar auch Aspekte, die über rein technische Konnotationen hinauswachsen, so soll dennoch hier der technische Aspekt fokussiert werden. „Die Usability eines Produktes ist das Ausmaß, in dem es von einem bestimmten Benutzer verwendet werden kann, um bestimmte Ziele in einem bestimmten Kontext effektiv, effizient und zufriedenstellend zu erreichen" (ISO-Norm 9241). Demzufolge steht das zu nutzende System in doppelter Beziehung zum einen zum Anwender und zum anderen zu seinem aktuellen Vorhaben. Nielsen (1993, S. 26) definiert Usability folgendermaßen: „Usability has multiple components and is traditionally associated with these five usability attributes: Learnability, Efficiency, Memorability, Errors, Satisfaction". Erlernbarkeit (Learnability) bezieht sich darauf, ob ein System schnell und einfach zu erlernen und zu handhaben ist. Effizienz (Efficiency) fordert die Möglichkeit hoher Produktivität. Dass sich auch ein unregelmäßiger Nutzer schnell im System zurechtfindet, ist mit Erinnerbarkeit (Memorability) gemeint. Eine geringe Fehlerrate des Systems und die Möglichkeit, dass der Nutzer möglichst wenig Fehler machen kann, ist mit Errors gemeint. Satisfaction schließlich meint die Zufriedenheit der Nutzer mit dem System.

Für den Einfluss der technischen Rahmenbedingungen auf die Einstellungsakzeptanz liegen Befunde von Goodhue (1995) vor. Er untersuchte den Einflussfaktor Technologie, der Faktoren enthielt, die den Charakteristika des Informationssystems zuzuschreiben sind. Dabei konnte er einen signifikanten Zusammenhang zwischen den technischen Rahmenbedingungen und der Einstellungsakzeptanz nachweisen. Die Verhaltensakzeptanz wurde in dieser Studie jedoch nicht berücksichtigt.

Bezogen auf die Bedienbarkeit, die Usability, konnten Untersuchungen aus der Akzeptanzforschung (Davis, 1989; Davis, Bagozzi & Warshaw, 1989; Venkatesh & Davis, 2000) einen Einfluss auf die Einstellungsakzeptanz aufzeigen.

Für die vorliegende Untersuchung wurde die Variable der technischen Maßnahmen untergliedert in zwei Teilbereiche: Die technischen Probleme und die technische Bedienbarkeit. Es wurde jeweils der Einfluss auf die Einstellungs- und die Verhaltensakzeptanz untersucht. Abgeleitet aus der Theorie und den bereits vorhandenen Befunden, wie oben bereits erwähnt, kann auch hier ein Zusammenhang erwartet werden.

4.6 Zusammenfassung und Konsequenzen für die vorliegende Untersuchung

4.6.1 Zusammenfassung

In Kapitel 4 wurden Ansätze und Maßnahmen vorgestellt, welche zur erfolgreichen Implementation einer technischen Neuerung sinnvoll sind.

Die Faktoren, von denen ein direkter Einfluss auf die Einstellungsakzeptanz erwartet wird, wurden in drei Kategorien aufgegliedert:

In Anlehnung an die Implementationsforschung (Barki & Hartwick, 1989; Joshi, 1991; Hammer & Champy, 1994; Tarlatt, 2001; Back et. al, 2001; Hinkofer & Mandl, 2004; Kraemer & Sprenger, 2003, Reiß, 1997; 1999) werden die beiden Kategorien *Organisationale Maßnahmen* und *Personale Maßnahmen* aufgenommen. Vor dem Hintergrund, dass es sich bei E-Learning um technikbasierte Lehr-Lernsysteme handelt, werden zudem die *technischen Rahmenbedingungen* berücksichtigt.

Für die Auswahl von spezifischen Faktoren der organisationalen und personalen Maßnahmen sowie der technischen Rahmenbedingungen ergeben sich folgende Konsequenzen.

4.6.2 Konsequenzen für die Auswahl organisationaler und personaler Maßnahmen sowie der technischen Rahmenbedingungen

Im Bereich der organisationalen und personalen Maßnahmen sowie der technischen Rahmenbedingungen werden in der Implementationsforschung eine Vielzahl von Maßnahmen genannt. Die Auswahl der Maßnahmen ist jeweils abhängig vom Gegenstand und von der Zielsetzung der Implementation (vgl. Frese, 2000). In Bezug auf die Implementation von E-Learning erscheint in Anlehnung an Rosenberg (2001) und Back et al. (2001) die Berücksichtigung der *„job relevance"* und der *Freiräume* im Bereich der organisationalen Maßnahmen als sinnvoll.

Im Bereich der personalen Maßnahmen werden in dieser Arbeit besonders die Aspekte *Information* (vgl. Reiß, 1997, 1999), *Partizipation* (v. Rosenstiel, 2000; Barki & Hartwick, 1994; Joshi, 1991) und *Betreuung* (Tarlatt, 2001; Back & Bursian, 2003) untersucht.

Geht es nun um die Implementation technischer Neuerungen, soll auch der Aspekt der Technik betrachtet werden (Bürg & Mandl, 2004; Volery & Lord, 2000). In der vorliegenden Untersuchung wird der Aspekt Technologie in zwei Unterkategorien, *das Auftreten technischer Probleme* und die *technischen Bedienbarkeit*, aufgegliedert.

Die hier untersuchten Aspekte können jedoch nicht den Anspruch erheben, vollständig zu sein. Es werden in der Implementationsforschung häufig genannte und in Bezug auf E-Learning sinnvoll erachtete Maßnahmen betrachtet.

4.6.3 Konsequenzen für die Erhebung der Aspekte organisationaler und personaler Maßnahmen sowie der technischen Rahmenbedingungen

Diese Arbeit hat unter anderem zum Ziel, Aspekte der Institutionellen Rahmenbedingungen während der Implementation und ihre Bedeutung zur Förderung der Akzeptanz von E-Learning zu untersuchen. Akzeptanz beinhaltet, wie in Kapitel 3 bereits erwähnt, die Nutzung (Verhaltensakzeptanz) und die Einstellungen der Person gegenüber der Nutzung (Einstellungsakzeptanz). Vor dem Hintergrund dieser Zielsetzung und der Definition von Akzeptanz wird in dieser Arbeit die subjektive Einschätzung der Aspekte der organisationalen und personalen Maßnahmen sowie der technischen Rahmenbedingungen untersucht. Es geht somit nicht um die Frage, wie einzelne Maßnahmen wie z.B. Kommunikationsmaßnahmen die Information beeinflussen, sondern vielmehr um die Frage, inwieweit die wahrgenommene Informiertheit, Partizipation und Betreuung als Indikatoren für personale Maßnahmen, die wahrgenommene *„job relevance"* der E-Learning-Angebote und die wahrgenommenen *Freiräume* als Indikatoren der organisationalen Maßnahmen und die Einschätzung der technischen Rahmenbedingungen mit der Einstellungs- bzw. Verhaltensakzeptanz assoziiert sind.

Aufgrund der in Kapitel 3 geschilderten Befunde und Erkenntnisse der Einstellungs- und Verhaltensforschung sowie der Akzeptanzforschung wird ein direkter Zusammenhang dieser Aspekte mit der Einstellungsakzeptanz angenommen (vgl. Bürg & Mandl, 2005a; Bürg & Mandl, 2005b). Geht es um die Frage des Zusammenhangs der zu untersuchenden Aspekte mit der Verhaltensakzeptanz, wird ein indirekter Zusammenhang mediiert durch die Verhaltensakzeptanz vermutet.

Die Untersuchung des Zusammenhangs der dargestellten Aspekte und der Akzeptanz wird in Kapitel 8 beschrieben.

Kapitel 5
Merkmale des Individuums

Kapitel 5 beschäftigt sich mit Merkmalen des Individuums und dem Einfluss dieser Merkmale auf die Einstellungs- und Verhaltensakzeptanz. Da die Diskussion über die effektive Gestaltung computer- und netzbasierter Lernumgebungen derzeit oft techniklastig beziehungsweise technikzentriert geführt wird, rücken die Lernenden mit ihren spezifischen Voraussetzungen, Bedürfnissen und Interessen vielfach in den Hintergrund und werden lediglich als Randbedingungen für technische Lösungen wahrgenommen. Das Resultat, ist wie bereits in Kapitel 3 angesprochen, die geringe Akzeptanz vieler E-Learning-Angebote. Nach Hartley und Bendixen (2001) sollte daher den folgenden drei Forschungsbereichen besondere Aufmerksamkeit gewidmet werden, um multimediales Lernen näher zu erforschen: Medien, Instruktions-methode und Lernermerkmale. In Untersuchungen stellten Hartley und Bendi-xen (2001) fest, dass die Medien und die Instruktionsmethode weit größere Aufmerksamkeit bei der Konstruktion von Lernangeboten auf sich ziehen als die Lernermerkmale.

In der Literatur besteht darüber hinaus weitgehend Einigkeit darüber, dass gerade für die Nutzung neuer Medien die Einstellungen und Erfahrungen der Lernenden von entscheidender Bedeutung sind (zum Beispiel Weidenmann, 2001). In diesem Zusammenhang wird neben den kognitiven, insbesondere auch auf die motivational-emotionalen Aspekte verwiesen (Döhl, 1983; vgl. auch Venkatesh, 2000; Stark, 2001; Bürg, 2002, Bürg & Mandl, 2004). So konnte Goodhue (1995) bereits empirisch nachweisen, dass sich affektive und kognitive Komponenten auf die Einstellungsakzeptanz auswirken. Ergebnisse zu den Einflussgrößen Lernermerkmale auf die Akzeptanz einer E-Learning-Maßnahme lieferten auch Harhoff und Küpper (2003) in ihrer Studie, in der sie sowohl unternehmensbezogene Merkmale als auch Lernermerkmale und deren Auswirkungen auf die Akzeptanz einer E-Learning-Maßnahme unter-suchten. Es zeigte sich, dass sich als Lernermerkmale sowohl der Lernstil als auch die EDV-Affinität, also die Frage, inwieweit Lernende gerne neue Soft-ware ausprobieren, in signifikantem Zusammenhang mit der derzeitigen Nutzung stehen (Harhoff & Küpper, 2003).

Im Folgenden werden die in dieser Arbeit untersuchten kognitiven und motivational-emotionalen Merkmale näher erläutert.

5.1 Kognitive Faktoren

Venkatesh und Davis (2000) formulieren im Technology-Acceptance-Model 2 diverse kognitive Personenmerkmale, die einen Einfluss auf die Einstellungs- und Verhaltensakzeptanz ausüben. Diese Aspekte fokussieren auf die kognitive Einschätzung des Informationssystems. Bei den erhobenen Variablen von Venkatesh und Davis (2000) handelt es sich somit um die Ergebnisse der ersten Einschätzung, z.b. die Qualität des Outputs kann erst nach einem ersten Kontakt mit dem neuen Informationssystem eingeschätzt werden. Kognitive Lernvoraussetzungen werden ausgeklammert.

Bei E-Learning steht, wie in Kapitel 2 erwähnt, das Lernen im Mittelpunkt. Aus pädagogisch-psychologischer Perspektive ist es somit notwendig, die Lernvoraussetzungen der Teilnehmer und deren Einfluss auf die Akzeptanz von E-Learning genauer zu untersuchen.

Kognitive Lernvoraussetzungen, die im Zusammenhang mit Lernen mit neuen Medien betrachtet werden sollten, sind die Sicherheit im Umgang mit Computern (Naumann & Richter,1999) als Indikator für technisches Vorwissen und die allgemeinen Selbstwirksamkeitserwartungen (Bandura, 1997).

Zudem wird in dieser Arbeit der subjektiv empfundene Lernerfolg als kognitive Prozessvariable untersucht.

5.1.1 Sicherheit im Umgang mit Computern

Eine wichtige Voraussetzung beim Lernen mit computerbasierten Lernumgebungen ist die Computerbildung (Osman & Muir, 1994; Pächter, 1997), da technische Kompetenzen im Umgang mit dem Computer als Schlüsselqualifikation für eine erfolgreiche Teilnahme am internetbasierten Lernen anzusehen sind (vgl. z.B. Schwan & Hesse, 1998; Bannert & Arbinger, 1996; Bandalos & Benson, 1990). Lernende müssen demnach über ein ausreichendes Maß an Computer Literacy verfügen, um von E-Learning-Angeboten profitieren zu können.

Nach Naumann & Richter (2001) wird Computer Literacy als das *deklarative* und *prozedurale Computerwissen,* die subjektiv wahrgenommene *Sicherheit im Umgang* und die *Vertrautheit mit Computeranwendungen* mit dem Computer verstanden. Dies entspricht Wissen, welches dem Benutzer einen kompetenten Umgang mit dem Computer ermöglicht. Diese Kompetenz ist notwendig, damit das Individuum sozial erfolgreich an der computerorientierten Gesellschaft teilnehmen kann (Naumann & Richter, 1999).

Als ein Indikator für die Computer-Literacy wurde für diese Arbeit die Sicherheit im Umgang mit Computern gewählt. In Bezug auf die Akzeptanz von E-Learning ist es nach Harhoff und Küpper (2003) und Dittler (2002) wichtig, dass die betroffenen Personen über eine gewisse Sicherheit im Umgang verfügen, um E-Learning später auch zu nutzen. Bisherige Befunde aus der Akzeptanzforschung deuten auf einen Zusammenhang zwischen technischem Vorwissen bzw. Sicherheit im Umgang mit Computern und der Akzeptanz hin. Goodhue (1995) stellte in seinen Untersuchungen einen positiven Zusammenhang des technischen Vorwissens mit der Einstellungsakzeptanz fest. Auch die Befunde von Venkatesh (2000) ergeben, dass das technische Wissen bzw. die Sicherheit im Umgang mit dem Computer einen Einfluss auf die Akzeptanz technologiebasierter Informationssysteme ausübt.

Auch Ansätze des Change-Managements (vgl. Reiß, 1997; Tarlatt, 2001) postulieren die Wichtigkeit der Sicherheit im Umgang mit der neu-eingeführten Maßnahme als Voraussetzung zur Förderung der Akzeptanz.

Aufgrund der bisherigen Befunde und Erkenntnisse wird in dieser Arbeit ein positiver direkter Zusammenhang zwischen der Sicherheit im Umgang mit Computern und der Einstellungsakzeptanz sowie ein indirekter Zusammenhang mit der Verhaltensakzeptanz mediiert durch die Einstellungsakzeptanz vermutet.

5.1.2 Allgemeine Selbstwirksamkeitserwartungen

Als weitere kognitive Lernvoraussetzung wird in dieser Arbeit das Konstrukt der Selbstwirksamkeit nach Bandura (1977, 1986, 1995, 1997) untersucht. Die Auswahl der allgemeinen Selbstwirksamkeit ist begründet in theoretischen Erkenntnissen und Befunden der Einstellungs- und Verhaltensforschung (vgl. Ajzen & Fishbein, 2000). Die Theorie des geplanten Verhaltens nach Ajzen & Madden (1986) (siehe auch Kapitel 2) integrierte die subjektiv wahrgenommene Verhaltenskontrolle (Kontrollerwartung) als Komponente zur Vorhersage der Verhaltensabsicht. Dabei entspricht die subjektiv wahrgenommene Verhaltenskontrolle der erwarteten Leichtigkeit beziehungsweise Schwierigkeit, das Verhalten auszuführen. Dabei fasste Ajzen (1991) die Variablen der Selbstwirksamkeit als Ausmaß internaler Kontrolle sowie die externen Restriktionen zu der Variable subjektiv wahrgenommene Verhaltenskontrolle zusammen.

Das Konzept der allgemeinen Selbstwirksamkeitserwartung beschäftigt sich mit der Frage nach der persönlichen Einschätzung der eigenen Kompetenzen und Fähigkeiten, allgemein mit Barrieren und Schwierigkeiten im alltäglichen Leben zurechtzukommen. Im Vordergrund von Selbstwirksamkeitserwartungen stehen also weniger die Überzeugungen, einzelne begrenzte Tätigkeiten vollziehen zu können, als vielmehr die Gewissheit, die eigenen Fähigkeiten für eine erfolgreiche Handlungsausführung nutzen zu können: „Perceived self-efficacy is concerned not with the number of skills, but with what you believe you can do with what you have under a variety of circumstances." (Bandura, 1997, S. 37).

So empfinden hoch selbstwirksame Menschen potentiell stressreiche Ereignisse eher als Herausforderung denn als eine Bedrohung (Jerusalem, 1990). Dies geschieht durch einen kognitiven Bewertungsprozess, in welchem die Anforderungen eines Ereignisses mit den eigenen Ressourcen verglichen werden. Erst dann ist es möglich, sich für eine Handlung bzw. Bewältigungsreaktion zu entscheiden (Bandura, 1977, 1997; Lazarus & Folkman, 1984).

Die wahrgenommene Selbstwirksamkeit wirkt sich im konkreten Handlungsprozess vor allem auf die Auswahl von Handlungen in Hinblick auf den Schwierigkeitsgrad, die investierten Anstrengungen im Zielerreichungsprozess, die Ausdauer angesichts auftretender Schwierigkeiten und Barrieren als auch somit indirekt auf den Grad des Handlungserfolges aus. Darüber hinaus hängt von der Ausprägung der Selbstwirksamkeit auch die Akzeptanz von Lernzielen, die Persistenz der Lernbemühungen und die Intensität und Art der kognitiven Auseinandersetzung mit einem Gegenstand ab (Schunk, 1991). Die Überwindung von Barrieren wird von Personen nur in dem Falle erfolgen, dass sie von ihrer eigenen Kompetenz überzeugt sind. Je stärker die Überzeugung von ihren Kompetenzen ist, desto größere Barrieren werden überwunden. So fällt es selbstwirksamen Personen leichter, die nötigen Anstrengungen für die Erreichung eines Zieles aufzubringen und selbst schwierige Phasen durchzustehen. Dieses Durchhaltevermögen ist im Endeffekt oft erfolgreich und wirkt sich somit positiv auf die Selbstwirksamkeitserwartungen der Person aus.

Dem hingegen haben wenig selbstwirksame Menschen oftmals Schwierigkeiten sich für die Ausführung einer Handlung zu entscheiden. Und wenn sie sich hierfür entschieden haben, reichen oftmals bereits kleine Schwierigkeiten aus, die Handlungsausführung zu vereiteln. Dieses „Scheitern" wirkt sich wiederum negativ auf die Selbstwirksamkeit der Personen aus.

Ergebnisse der Einstellungs- und Verhaltensforschung (Ajzen & Madden, 1986) konnten aufzeigen, dass sich die Kontrollerwartung, also die Selbstwirksamkeit und externe Restriktionen, indirekt über die Verhaltensabsicht auf das Verhalten auswirken (vgl. Frey, Stahl & Gollwitzer, 1993).

Bezieht man diese Befunde auf die Akzeptanz von E-Learning, ist davon auszugehen, dass eine Person mit einer hohen Ausprägung der Selbstwirksamkeit eine höhere Einstellungsakzeptanz aufweist und somit eher dazu bereit ist, E-Learning zu nutzen, als eine Person mit einer niedrigen Ausprägung.

Die Befunde legen somit nahe, dass sich die allgemeinen Selbstwirksamkeitserwartungen in der vorliegenden Studie direkt mit der Einstellungsakzeptanz und indirekt, mediiert durch die Einstellungsakzeptanz, mit der Verhaltensakzeptanz assoziiert sind.

5.1.3 Subjektiver Lernerfolg

Zusätzlich zu den oben genannten kognitiven Lernvoraussetzungsvariablen wird als Prozessvariable der subjektiv empfundene Lernerfolg erfasst.

Lernerfolg umfasst dabei, anhand von objektiven Wissenstests oder anhand subjektiver Einschätzung, das unmittelbar erworbene Wissen. Dabei ist der Lernende in der Regel gut in der Lage, selbst zu beurteilen, ob er z.B. neues Wissen erworben hat oder welche kognitiven Veränderungen bei ihm stattgefunden haben (z.B. Brown, 1978; Fischer & Mandl, 1983; Flavell, 1979). Insbesondere beim Lernen mit neuen Medien ist der subjektiv empfundene Lernerfolg zu erfassen. Kommen Lernende nämlich zu der Einschätzung, dass sie mit einer bestimmten Lernmethode kein nützliches Wissen erwerben können, werden sie ihre Lernbemühungen bald einstellen (Stark, 2001). So stellten Stark, Bürg & Mandl (2002) einen Zusammenhang zwischen dem subjektiv empfundenen Lernerfolg Studierender und der Akzeptanz einer netzbasierten Lernumgebung fest. Bürg (2002) und Stark (2001) fanden in ihren Studien zu einer netzbasierten Lernumgebung zusätzlich heraus, dass diejenigen Studierenden, die ihren Lernerfolg als hoch einschätzen, sich intensiver und länger mit der netzbasierten Lernumgebung auseinander setzten als Lernende, die ihren subjektiven Lernerfolg als niedrig einschätzten. Aufgrund der Erkenntnisse der Einstellungs- und Verhaltensforschung (Ajzen & Fishbein, 2000) ist anzunehmen, dass der Zusammenhang von subjektivem Lernerfolg und Verhalten durch die Einstellungsakzeptanz mediiert wurde. Dies wurde in den Studien von Stark (2001) allerdings nicht berücksichtigt. Die bisherigen Befunde legen einen Einfluss des subjektiven Lernerfolgs auf die Einstellungs- und dementsprechend auf die Nutzung (Verhaltensakzeptanz) nahe.

Aufgrund dieser Befunde findet auch in dieser Arbeit der subjektiv empfundene Lernerfolg seine Beachtung. Es ist anzunehmen, dass Personen, die ihren subjektiven Lernerfolg als hoch einschätzen auch eine positive Einstellungsakzeptanz ausweisen und entsprechend eher bereit sind, E-Learning auch in Zukunft zu nutzen.

5.2 Motivational-emotionale Faktoren

Neben kognitiven Faktoren sind in Bezug auf die Akzeptanz von E-Learning zudem motivational-emotionale Faktoren zu beachten (vgl. Venkatesh, 1999; Venkatesh, 2000). Neuere Untersuchungen aus der Akzeptanzforschung zu technologiebasierten Informationssystemen (Venkatesh, 1999; Venkatesh, 2000; Venkatesh, Speier & Morris, 2002; Venkatesh, Morris, Davis & Davis, 2003) weisen auf einen Einfluss von motivational-emotionalen Aspekten auf Einstellungsakzeptanz hin.

So untersuchte Venkatesh (1999) die Bedeutung der intrinsischen Motivation für die Akzeptanz eines technologiebasierten Informationssystems. Ein Hauptergebnis dieser Studie war, dass hoch intrinsisch motivierte Personen auch eine hohe Einstellungsakzeptanz aufwiesen und umgekehrt. Aufgrund dieser Befunde postulierte Venkatesh (1999) eine stärkere Beachtung von motivationalen Variablen bei der Untersuchung der Akzeptanz von technologiebasierten Informationssystemen. In einer Folgestudie untersuchte Venkatesh (2000) den Einfluss von emotionalen Variablen, wie der Computerängstlichkeit und computerbezogenen Einstellungen. Diese Untersuchung erbrachte einen signifikanten Einfluss der computerbezogenen Einstellungen auf die Einstellungsakzeptanz.

Doch nicht nur Befunde aus der Forschung zur Akzeptanz von technologiebasierten Informationssystemen verweisen auf die besondere Beachtung motivational-emotionaler Faktoren. Auch Erkenntnisse und Befunde aus der Lehr-Lernforschung mit neuen Medien, die bei der Untersuchung der Akzeptanz von E-Learning ebenso Beachtung finden müssen, stellten einen

Einfluss dieser Variablen auf die Akzeptanz technologiebasierter Lehr-Lern-medien fest. Stark (1999) und Stark (2001) sowie Stark, Bürg und Mandl (2002) untersuchten die Wirkung einer netzbasierten Lernumgebung bei Studierenden. In ihrer Untersuchung stellten sie einen signifikanten Zusammenhang zwischen der intrinsischen Motivation, mit der Lernumgebung zu lernen, und der Einstellungsakzeptanz fest. Ebenso fanden sie einen positiven Zusammenhang zwischen den computerbezogenen Einstellungen sowie der Ambiguitätstoleranz und der Einstellungsakzeptanz.

Aufgrund der dargestellten Befunde und Erkenntnisse erscheint es somit wichtig, auch die motivational-emotionalen Faktoren bei der Untersuchung der Akzeptanz von E-Learning zu berücksichtigen. Als motivational-emotionale Variablen wurden die intrinsische Motivation, die Einstellungen zum Computer und die Ambiguitätstoleranz erhoben. Auf die einzelnen Faktoren wird im Folgenden spezifischer eingegangen.

5.2.1 Intrinsische Motivation

Motivation stellt ein zentrales Konstrukt der Verhaltenserklärung dar, das als psychische Kraft (bzw. Verhaltenspotential oder Verhaltensbereitschaft) definiert wird, welche wesentlichen Aspekten des menschlichen Handelns zugrunde liegt (Schiefele, 1996). In der Literatur wird zwischen verschiedenen Arten von Motivation unterschieden (vgl. Schiefele, 1996). Da im Rahmen dieser Arbeit die Akzeptanz neuer Lehr-Lernmedien im Mittelpunkt steht, wird im Folgenden lediglich auf die Lernmotivation eingegangen.

Lernmotivation wird als Wunsch oder Absicht, etwas zu lernen, definiert (vgl. Deci & Ryan, 1985; 1991; Schiefele, 1996; Wild, Hofer & Pekrun, 2001). Wenn der Wunsch oder die Absicht, etwas zu lernen, daher kommt, dass die Handlung als spannend, interessant oder irgendwie zufriedenstellend wahrgenommen wird, so handelt es sich um intrinsische Lernmotivation. Bei intrinsischer Lernmotivation liegen die Gründe für das Ausführen einer Handlung in der Handlung selbst (Deci & Ryan, 1993). Die Konsequenzen, die der Handlung folgen, stehen nicht im Mittelpunkt bei der Ausführung. Dabei können sowohl die Eigenschaften der Handlung, als auch die Eigenschaften des Gegenstandes motivierend wirken. Es handelt sich dann um eine tätigkeitszentrierte oder gegenstandszentrierte Form der intrinsischen Motivation (Schiefele, 1996).

Gegenstandszentrierte Motivation steht im Zentrum der Interessenstheorien (Krapp, 1999). Hier wird die konzeptuelle Nähe des Motivations- und des Interessenskonstruktes deutlich, diese Konstrukte überlappen gewissermaßen. Bei intrinsischer Motivation ist somit immer auch das persönliche Interesse betroffen. Interesse ist immer gegenstandsspezifisch: „Eine Person hat oder entwickelt Interesse an bzw. für etwas. Hier werden die Lerninhalte als wichtige Determinante der Lernmotivation explizit berücksichtigt." (Wild, Hofer & Pekrun, 2001; S.220). Ebenfalls wichtig ist in diesem Kontext, dass nach der Selbstbestimmungstheorie (Deci & Ryan, 1993) intrinsische Verhaltensmotivation nur möglich ist, wenn sich die handelnde Person als kompetent und selbstbestimmt empfindet.

Wie Studien belegen, hat intrinsische Lernmotivation positivere Folgen als extrinsische Lernmotivation (Deci & Ryan, 1985; 1991; 1993). So konnten Studien aufzeigen, dass sich intrinsische Motivation förderlich auf die Qualität der Lernergebnisse auswirkt (Schiefele, 1996). Dies scheint insbesondere für den Bereich der Weiterbildung zuzutreffen (Reinmann-Rothmeier, Mandl & Götz, 1999; Deci & Ryan, 1991). So führen nur Lernumgebungen, die intrinsische Motivation wecken und Interessen aktualisieren, zum Einsatz von Lernaktivitäten und Lernstrategien, die mit bedeutungshaltigem und nicht nur mechanischem, faktenorientiertem Lernen einhergehen. Dies ist insbesondere von großer Bedeutung, als bedeutungshaltiges Lernen eine Voraussetzung für die Anwendbarkeit beziehungsweise Transferierbarkeit des erworbenen Wissens auf komplexe Problemstellungen des Berufslebens darstellt (Mandl, Gruber & Renkl, 1997). Nach Malone & Lepper (1987) bieten gerade computerunterstützte Lernumgebungen die Möglichkeit zu solch intrinsisch motiviertem Lernen. Lernmotivation hat somit Bedeutung für den Lernprozess und Lernerfolg. Doch auch für die Akzeptanz, sowohl für die Einstellungs- als auch die Verhaltensakzeptanz von computerunterstützten Lernumgebungen ist, wie oben schon dargestellt, die intrinische Lernmotivation zu berücksichtigen.

Aufgrund der Erkenntnisse und Befunde wird in dieser Arbeit ein positiver Zusammenhang zwischen der Lernmotivation und der Einstellungsakzeptanz angenommen. Dies impliziert zudem einen indirekten Zusammenhang mit der Verhaltensakzeptanz, mediiert durch die Einstellungsakzeptanz.

5.2.2 Einstellung zum Computer

Für das Lernen mit neuen Medien sind neben der Computer-Literacy vor allem die Akzeptanz beziehungsweise die Einstellungen gegenüber der Computertechnologie von Bedeutung, für die ein Zusammenhang mit der tatsächlichen Computernutzung empirisch gut belegt ist (z.b. Levine & Donitsa-Schmidt, 1997; Brock & Sulsky, 1994; Sageder, 1992). Gegenüber der Computer-Literacy können computerbezogene Einstellungen als die Summe individuell verfügbarerer evaluierter Überzeugungen gegenüber dem Computer verstanden werden (Wilson, Dunn, Kraft & Lisle, 1989). Studien aus der Lehr-Lernforschung legen die Beachtung der Einstellungen zum Computer nahe. So konnten Stark (2001) und Stegmann (2002) einen positiven Zusammenhang zwischen den Einstellungen zum Computer und der Akzeptanz für eine netzbasierte Lernumgebung feststellen. Richter, Nauman und Groeben (1999) postulieren die Wichtigkeit der Beachtung der Einstellungen zum Computer bei der Untersuchung der Wirkung computerbasierter Lehr-Lernsysteme. Aus diesem Grund erscheint es sinnvoll, auch bei der Untersuchung der Akzeptanz von E-Learning die Einstellungen zum Computer und deren Einfluss auf die Einstellungs- und Verhaltensakzeptanz zu untersuchen. In der vorliegenden Arbeit wird angenommen, dass positive Einstellungen zum Computer allgemein mit einer positiven Einstellungsakzeptanz einhergehen.

5.2.3 Ambiguitätstoleranz

Nicht nur im kognitiven Bereich sind bei der Konstruktion von computerbasierten Lernumgebungen Voraussetzungen impliziert, die nicht bei allen Lernenden als gegeben angesehen werden können. Durch die Simulation relevanter und realitätsnaher Problemsituationen werden in kognitiver Hinsicht oft hohe Anforderungen gestellt, da viele der dargestellten Situationen dynamisch und nicht vollständig transparent sind. Wie Leutner (1992) aufzeigte, können diese hohen Anforderungen an die Lernenden als Moderatorvariablen wirksam werden und sich auf den Lernerfolg auswirken.

Eingeführt wurde der Begriff der Ambiguitätstoleranz/ Ambiguitätsintoleranz 1949 von Frenkel-Brunswik unter Bezugnahme auf die Arbeiten zum „Autoritären Charakter" (Adorno, Frenkel-Brunswik, Levinson & Sanford, 1949). Frenkel-Brunswik (1949) definierte Ambiguitätstoleranz als „tendency to resort black-white solutions, to arrive at premature closure as to valuative aspects, often at the neglect of reality, and to seek for unqualified and unambiguous overall acceptance and rejection of other people" (Frenkel-Brunswik, 1949, S.115). Diese Definition betont eher Handlungsaspekte, wohingegen nachfolgende Definitionen ein stärkeres Gewicht auf intrapsychische und emotional-kognitive Faktoren legen.

Eine neuere Definition von Kischkel (1984, S.144) bezeichnet Ambiguitätstoleranz als Tendenz, „unstrukturierte, unvollständige, erwartungswidrige, in sich widersprüchliche oder mehrdeutige Informationen als Bedrohung oder als Ursache psychischen Unwohlseins wahrzunehmen".

Wesentlich an der Definition von Kischkel (1984) ist die Betonung einer spezifisch emotional-kognitven Modalität der Informationsverarbeitung. Bezugspunkte sind hierbei „Lust-Unlust-Phänomene". Die zentrale Bedeutung dieser motivationssteuernden Affekte zeigt sich deutlich in den definitorischen Ansätzen zur Präzisierung des alternativen Pols „Ambiguitätstoleranz" (Kischkel, 1984). Dem fügten Stark, Gruber, Renkl und Mandl (1996) hinzu, dass ambiguitätstolerante Personen nicht lediglich ambiguitive Reize oder Situationen passiv tolerieren würden, sondern, dass sie sogar ein explizites Bedürfnis danach hätten. Somit wird die ursprünglich unipolar konzipierte Dimension Ambiguitätstoleranz (keine bis hohe Intoleranz) zu einer bipolaren Dimension (hohe Ambiguitätssuche bis hohe Ambiguitätsvermeidung).

Nach Einschätzung von Stark, Gruber, Renkl und Mandl (1996) ist das Ausmaß an Ambiguitätstoleranz von Lernenden der Präferenz für bestimmte Aufgabenstellung und epistemischen Einstellungen vorgeordnet, da beide eher als Konsequenz vorhandener Ambiguitätstoleranz zu interpretieren sind. Nach Huber (1993) ist die Offenheit für Ambiguität als eine essentielle Komponente des Orientierungsstils von Lernenden zu verstehen. So fand Huber (1996) heraus, dass in Abhängigkeit von verschiedenen Orientierungsstilen unterschiedliche Lernpräferenzen bestehen, welche sich auch in Lernleistungsunterschieden bemerkbar machen. So präferierten gewissheitsorientierte Personen eher traditionelle Unterrichtsformen, wohingegen ungewissheitsorientierte Personen kooperatives Lernen und eher weniger strukturierte, offene Lernumgebungen bevorzugten.

Jacobson und Spiro (1994) konnten nachweisen, dass Lernende mit einfacheren komplexeren Überzeugungen in einer Hypertextlernumgebung bessere Transferleistungen erbrachten als solche mit einfacheren epistemischen Überzeugungen. Diese Befunde, welche in anderen Studien der beiden Autoren repliziert wurden, legen nahe, die Offenheit für Ambiguität bei Lernenden als Moderatorvariable auf den Lernerfolg zu untersuchen. Die Studie von Stark, Gruber, Renkl und Mandl (1996) bestätigte, dass komplexe Lernumgebungen, wie sie zum Beispiel in konstruktivistischen Instruktionsmodellen gefordert werden, nicht für alle Lernenden gleichermaßen geeignet sind. Die Aneignung flexiblen Wissens konnte allerdings durch instruktionale Unterstützung gefördert werden, wobei dies bei weniger ambiguitätstoleranten Lernenden in geringerem Maße der Fall war. Daher fordern Stark, Gruber, Renkl und Mandl (1996), dass diesen Erkenntnissen bei der instruktionspsychologischen Theoriebildung und insbesondere bei der dadurch inspirierten Gestaltung von Lernumgebungen Rechnung getragen werden muss. Diese Forderung macht deutlich, dass die Ambiguitätstoleranz als Moderatorvariable als wichtiges Kriterium bei der Gestaltung von Lernumgebungen einbezogen werden muss. Bis zum heutigen Zeitpunkt liegen allerdings keine Ergebnis darüber vor, ob die Ambiguitätstoleranz einen Einfluss auf die Einstellungs- bzw. Verhaltensakzeptanz von Lernenden ausübt. Es ist allerdings zu vermuten, dass Lernende, die eine hohe Ambiguitätstoleranz aufweisen und daher mehr von komplexeren Lernumgebungen profitieren, auch eine höhere Einstellungsakzeptanz aufweisen. Dies ist insbesondere von Interesse, da die Gestaltung von E-Learning-Maßnahmen die Konstruktion komplexerer Lernumgebungen mit sich bringt.

In der vorliegenden Arbeit wird untersucht, inwieweit ein direkter Zusammenhang zwischen der Ambiguitätstoleranz und der Einstellungsakzeptanz und ein indirekter Zusammenhang mit der Verhaltensakzeptanz, mediiert durch die Einstellungsakzeptanz, besteht. Aufgrund der genannten Erkenntnisse und Befunde (Stark, 2001) wird ein positiver direkter Zusammenhang mit der Einstellungsakzeptanz und ein indirekter Zusammenhang mediiert durch die Verhaltensakzeptanz angenommen.

5.3 Zusammenfassung

In diesem Kapitel wurde die Bedeutung der Merkmale des Individuums auf die Akzeptanz von E-Learning verdeutlicht. In dieser Arbeit wird zwischen kognitiven und motivational-emotionalen Merkmalen unterschieden.

Die Auswahl von kognitiven Merkmalen erfolgte aufgrund von Erkenntnissen und Befunden der Lehr-Lernforschung mit neuen Medien sowie der Akzeptanzforschung. In dieser Arbeit finden die Sicherheit im Umgang mit Computern und die allgemeinen Selbstwirksamkeitserwartungen als Indikatoren für kognitive Lernvoraussetzungen ihre Anwendung. Zusätzlich wird der subjektive Lernerfolg als kognitive Prozessvariable untersucht.

Als Indikatoren für motivational-emotionale Faktoren werden die intrinsische Motivation, die Einstellungen zum Computer und die Ambiguitätstoleranz untersucht.

Auf der Basis der Erkenntnisse und Befunde aus der Einstellungs- und Verhaltensforschung und der Akzeptanzforschung wird ein direkter Zusammenhang der dargestellten kognitiven und emotionalen Faktoren auf die Einstellungsakzeptanz und ein indirekter Zusammenhang mit der Verhaltensakzeptanz, mediiert durch die Einstellungsakzeptanz angenommen.

Kapitel 6
Merkmale der Lernumgebung

In Kapitel 6 werden als weitere Faktoren die Merkmale der Lernumgebung und ihre Bedeutung für die Akzeptanz von E-Learning diskutiert. Bereits Goodhue (1995) nannte in seinem Task-Technology-Fit-Model die Aufgabe bzw. die Lernumgebung als einen Faktor, der sich auf die Akzeptanz auswirkt. Goodhue (1995) und Goodhue und Thompson (1995) untersuchten als Indikator für die Lernumgebung die Aufgabenschwierigkeit und Vielfältigkeit der Aufgabe. Ein gemeinsames Hauptergebnis dieser Studien war, dass Personen, die die Lernumgebung als zu schwierig empfanden, auch eine niedrigere Einstellungsakzeptanz aufwiesen als Teilnehmer, die den Schwierigkeitsgrad als angemessen einschätzten. Unter pädagogisch-psychologischen Gesichtspunkten greift dies allerdings zu kurz. Bei der Gestaltung von technikbasierten Lernumgebungen spielt die didaktische und mediale Gestaltung eine wichtige Rolle (vgl Reinmann-Rothmeier & Mandl, 2001). Diese Aspekte werden generell in der bisherigen Akzeptanzforschung weitgehend vernachlässigt. Eine Erklärung für dieses Defizit stellt die Tatsache dar, dass sowohl das Task-Technology-Fit-Model (Goodhue, 1995) als auch das Technology Acceptance-Model (Davis, 1989) und das Technology-Acceptance-Model 2 (Venkatesh & Davis, 2000) im Kontext der Akzeptanz von technologiebasierten Informationssystemen entwickelt wurden und hierbei die didaktische und mediale Gestaltung eine eher untergeordnete Rolle spielt. Im Kontext von E-Learning ist die Berücksichtigung der didaktischen und medialen Gestaltungskriterien wichtig. Dies belegt Hasenbach-Wolff (1992), der aufzeigen konnte, dass ein computergesteuertes Lernprogramm, das von den Anwendern als Lernmedium akzeptiert werden soll und darüber hinaus zum beabsichtigten Lernerfolg führt, nach didaktischen Gesichtspunkten entwickelt werden muss. Diese Erkenntnis wird durch neueste Befunde aus der Lehr-Lernforschung gestützt, die bestätigen, dass sowohl der didaktischen als auch der medialen Gestaltung eine zentrale Rolle für den Lernerfolg, und somit dem eigentlichen Ziel der E-Learning-Maßnahme zukommt (vgl. Dittler, 2002; Henninger, 2001). So erfasste Fricke (2001) in seinem Paradigma zur Konstruktion und Evaluation multimedialer Lehr-Lernumgebungen in Anlehnung an Reigeluth (1983) neben den personenbezogenen Merkmalen und dem

Lernthema auch die Lernumgebung als zentralen Faktor zur Erklärung von Lerneffekten. Darüber hinaus konnten Reinmann-Rothmeier & Mandl (2003) nachweisen, dass der didaktischen Gestaltung, insbesondere bei E-Learning, eine entscheidende Rolle zukommt (vgl. auch Schulmeister, 1997; 2001).

Somit werden sowohl die didaktische als auch die mediale Gestaltung von E-Learning-Umgebungen in diesem Kapitel näher beschrieben und als Akzeptanz beeinflussende Faktoren untersucht.

Neueste Erkenntnisse der Lehr-Lernforschung (vgl. Reinmann-Rothmeier & Mandl, 2003) legen nahe, dass der Einsatz neuer Lernmedien nur dann sinnvoll ist, wenn dies vor dem Hintergrund einer neuen Lehr-Lern-Kultur geschieht (Reinmann-Rothmeier & Mandl, 2001). Ein Ansatz, der eine neue Lehr-Lernphilosophie in den Mittelpunkt stellt, ist das Problemorientierte Lernen (Gräsel, 1997; Reinmann-Rothmeier & Mandl, 2001).

Im folgenden Abschnitt wird der Ansatz des Problemorientierten Lernens dargestellt, bevor auf die didaktischen und medialen Gestaltungskriterien näher eingegangen wird.

6.1 Problemorientiertes Lernen

Auch heute noch ist die Erfahrung vieler Lernender in verschiedenen Bildungseinrichtungen davon geprägt, dass Lehren und Lernen in Umgebungen stattfindet, in denen der Lehrende eine aktive und der Lernende eine eher rezeptive Rolle übernimmt (Reinmann-Rothmeier & Mandl, 2001).

Zwei Grundannahmen stecken hinter dieser stark systematisierten und kontrollierten Form des Lernens. Zum einen wird angenommen, dass Wissen als Folge von Faktenlernen und Routine entsteht. Zum anderen wird Wissen als Gut betrachtet, dass von einer Person (dem Lehrenden) zu einer anderen (dem Lernenden) weitergegeben werden kann. So wird in dieser traditionellen Form des Unterrichts oft sogenanntes träges Wissen erzeugt, d.h. Wissen, das in einer Situation theoretisch gelernt wurde, in einer Anwendungssituation jedoch nicht genutzt werden kann (Renkl, 1996). Um dieses Problem anzugehen, wird in den letzten Jahren zunehmend eine konstruktivistische Lehr-Lern-Philosophie vertreten. Ziel dieser neuen Lernkultur ist die Vermittlung anwendbaren Wissens, um die so oft diskutierte Kluft zwischen Wissen und Handeln zu überbrücken (Reinmann-Rothmeier & Mandl, 2001). Der Kern dieser neuen Lernkultur fokussiert die aktive Wissensentwicklung, d.h.

Wissen wird nicht einfach rezeptiv übernommen, sondern aktiv, je nach Vorwissen, Motivation und Einstellung vom Einzelnen erworben. Dies impliziert jedoch auch, dass Wissen nicht als Produkt betrachtet werden kann, das von einer Person zu einer anderen weitergereicht wird.

Lernen wird nach dieser Auffassung als ein aktiver, selbstgesteuerter, konstruktiver, situativer, sozialer und emotionaler Prozess betrachtet (Reinmann-Rothmeier & Mandl, 1998).

Lernen als aktiver Prozess. Lernen wird nur über eine aktive Beteiligung des Lernenden möglich.

Lernen als selbstgesteuerter Prozess. Beim Lernen übernimmt der Lernende selbst Steuerungs- und Kontrollprozesse.

Lernen als konstruktiver Prozess. Neues Wissen kann nur erworben und genutzt werden, wenn es in die vorhandenen Wissensstrukturen eingebaut und auf der Basis individueller Erfahrungen interpretiert wird.

Lernen als emotionaler Prozess. Beim Lernen haben sowohl leistungsbezogene als auch soziale Emotionen einen starken Einfluss. Insbesondere im Hinblick auf die Motivation für das Lernen ist die emotionale Komponente wesentlich.

Lernen als sozialer Prozess. Lernen ist fast immer ein interaktives Geschehen und wird durch soziale Komponenten beeinflusst.

Lernen als situativer Prozess. Wissenserwerb erfolgt stets in einem spezifischen Kontext und ist mit diesem verbunden. Lernen ist daher situativ.

Die Gestaltung von problemorientierten Lernumgebungen bietet eine pragmatische Möglichkeit, die neue Auffassung vom Lehren und Lernen umzusetzen.

In Untersuchungen zeigte sich, dass die Lernenden trotz einer aktiven Rolle im Lernprozess je nach Lernvoraussetzungen immer auch ein gewisses Maß an Instruktion benötigen, um effektiv lernen zu können (vgl. hierzu Renkl, 1996; Gräsel, 1997). Dies bedeutet, dass die Lernenden bei auftretenden Fragen oder Problemen unterstützt werden und zum Beispiel Feedback zu ihren Ergebnissen erhalten. Aber auch bei gruppenspezifischen Problemen bietet der Lehrende, z.B. durch Gruppenregeln, Unterstützung an. Eine Balance zwischen Instruktion und Konstruktion bildet die Basis problemorientierter Lernumgebungen. Der Kern besteht somit darin, dass ein aktiver Lernender durch Instruktion während des Lernprozesses angeleitet, unterstützt und beraten wird.

Im folgenden Abschnitt wird auf die Gestaltungsrichtlinien für problemorientierte Lernumgebungen näher eingegangen.

6.2 Didaktische Gestaltung von Lernumgebungen

6.2.1 Leitlinien für die didaktische Gestaltung

Für die Gestaltung problemorientierter Lernumgebungen wurden folgende grundsätzliche Gestaltungsrichtlinien formuliert (Gräsel, 1997; Reinmann-Rothmeier & Mandl, 2001).

Authentizität und Situiertheit

Problemorientiertes Lernen soll in einen authentischen Kontext eingebettet sein, da es erwiesen ist, dass Wissen idealer Weise in einem Kontext erlernt wird, in welchem dem Wissen Bedeutung verliehen wird (Gerstenmaier & Mandl 1995). Daher soll es dem Lernenden in der Lernumgebung ermöglicht werden, mit authentischen Situationen und realistischen Problemen umzugehen, um die Kluft zwischen Anwendungs- und Lernsituation zu verringern (Henninger, Mandl & Balk, 1997; Kopp, Dvorak & Mandl, 2003). Aufgrund ihres Realitätsgehalts und der Relevanz der Probleme wird zudem ein hoher Grad an Motivierung beim Lernenden erreicht, die es ihm ermöglicht, neues Wissen oder Fertigkeiten zu erwerben (Reinmann-Rothmeier & Mandl, 2001). Durch die Situiertheit und Authentizität wird ein hoher Anwendungsbezug des Gelernten hergestellt.

Multiple Kontexte/Perspektiven

Um zu gewährleisten, dass das erworbene Wissen nicht auf einen Kontext fixiert bleibt, sondern dass es dem Lernenden möglich ist, das Wissen flexibel auf andere Situationen anzuwenden, sollten die gleichen Inhalte in verschiedenen Kontexten gelernt werden (Gerstenmaier & Mandl, 1995; Reinmann-Rothmeier & Mandl, 2001b). Damit das Gelernte auch auf andere Problemstellungen übertragen werden kann, ist es wichtig, die Lernumgebung entsprechend zu gestalten. Durch die *multiplen Kontexte* wird eine gute Nutzung des Gelernten gesichert (Reinmann-Rothmeier & Mandl, 2001).

Zusätzlich soll die Flexibilisierung des Wissens durch *multiple Perspektiven* gewährleistet werden. Dadurch sollen die Lernenden lernen, die Inhalte von verschiedenen Standpunkten und unter variierenden Aspekten zu betrachten und zu bearbeiten (Gerstenmaier & Mandl, 1995; Reinmann-Rothmeier & Mandl, 2001b). Multiple Perspektiven ermöglichen es, dass das Gelernte flexibel angewendet werden kann (Reinmann-Rothmeier & Mandl, 2001).

Sozialer Kontext

Darüber hinaus sollte die Lernumgebung das kooperative Lernen (Renkl, 1997) sowie das Problemlösen in Lerngruppen fördern. Auch das gemeinsame Lernen und Arbeiten von Experten und Lernenden hat im situierten Lernen einen hohen Stellenwert (Gerstenmaier & Mandl, 1995).

Instruktionale Unterstützung

Die Ansätze des problemorientierten Lernens sehen die instruktionale Unterstützung als wichtigen Punkt des Lernprozesses an und verbinden diesen daher, wie bereits erwähnt, in Verbindung mit den konstruktivistischen Anforderungen an Lernumgebungen. In der Praxis konnte gezeigt werden, dass oft mangelnde oder fehlende Anleitung und Unterstützung der Lernprozesse unter anderem zu Desorientierung und Überforderung der Lernenden führen kann (Reinmann-Rothmeier & Mandl, 2001). Dieser Effekt trat vor allem bei Lernenden mit ungünstigen Lernvoraussetzungen auf, da Leistungsstarke von situierten Lernumgebungen tendenziell mehr profitieren als leistungsschwächere Lernende. Daher ist es notwendig, die Lernumgebung so zu gestalten, dass neben den Möglichkeiten zum eigenständigen Lernen in komplexen Situationen auch durch instruktionale Unterstützung das zur Bearbeitung notwendige Wissen bereitgestellt und erworben wird (Reinmann-Rothmeier & Mandl, 2001).

Selbststeuerung

Neben diesen Leitlinien des problemorientierten Lernens sollten E-Learning-Maßnahmen dem Lernenden darüber hinaus die Möglichkeit selbstgesteuerten Lernens ermöglichen. Selbststeuerung ist eine allgemeine Voraussetzung für jegliches Lernen und Verstehen, da diese Tätigkeiten stets ein Minimum an Eigenaktivität erfordern (Weinert, 1982). Zumindest die bewusst-intentionalen Prozesse der Informationsverarbeitung verlangen stets eine aktive Beteilung des Selbst.

Eine gesonderte Betrachtung des selbstgesteuerten Lernens ist insbesondere von Nöten, da in der aktuellen bildungstheoretischen Diskussion immer wieder darauf hingewiesen wird, dass diese Form des Lernens den neuen Anforderungen in unserer Gesellschaft besser gerecht wird, als bisherige Lernformen. Dies machen der wissenschaftliche und technologische Fortschritt sowie die damit verbundene Wissensexplosion vor allem im Bereich der Weiterbildung deutlich. Die damit einhergehenden ständigen Aktualisierungen und Erweiterungen der beruflichen Kompetenzen erfordern somit einerseits einen hohen Grad an Lern- und Veränderungsbereitschaft und andererseits hinreichend entwickelte Fähigkeiten zur selbstständigen Planung und Realisierung der eigenen beruflichen Weiterentwicklung (Reinmann-Rothmeier & Mandl, 2001). Daher sollte gerade im Bereich der beruflichen Weiterbildung den Lernenden die Möglichkeit zum selbstgesteuerten Lernen eröffnet werden. Dafür bieten sich vor allem E-Learning-Angebote an, da hypermediale Lernumgebungen einen Lernprozess mit hohem Anteil an Kontrolle durch den Lernenden selbst ermöglichen: Im Idealfall steckt sich der Lernende selbst Ziele, aktiviert sein Vorwissen, sucht sich entsprechende Lernressourcen in den Hypermedia-Seiten der Lernumgebung, die er dann in seiner eigenen Geschwindigkeit bearbeitet. Dabei verfügt der Lernende über Kontrollstrategien, um seinen Lernprozess zu regulieren, das heißt, er überwacht und beurteilt seinen eigenen Lernfortschritt, passt sich flexibel an die sich verändernden Anforderungen des Lernmaterials an und prüft stetig, inwieweit er die Inhalte verstanden hat. Zudem verfügt er über Strategien, die ihm helfen, Motivation und Konzentration über einen längeren Zeitraum hinweg aufrecht zu erhalten (vgl. Simons, 1992). Dieser ideale selbstgesteuerte Lernprozess beim Lernen mit neuen Medien kann, wie Lehr- und Forschungsprojekte zeigen, nur in Ausnahmefällen spontan entstehen, da er sehr viele Anforderungen an die Lernenden und die Lernsituation stellt, welchen häufig nicht entsprochen werden kann. Daher zeigen Lernende in hypermedialen Lernumgebungen oft Symptome der Desorientierung und kognitiven Überforderung (vgl. Tergan, 1997). So profitieren vom oft angeführten Potenzial von Hypermedia für mehr Selbststeuerung in vielen Fällen nur die Lernenden mit besseren Lernvoraussetzungen.

Daher sind für die Realisation von erfolgreichem Lernen fast immer auch Anteile an Fremdsteuerung nötig, um effektives Lernen zu ermöglichen. Für den Bereich des Lernens mit den Neuen Medien eigenen sich hierfür am besten indirekte Förderungsansätze (Fischer & Mandl, 2002). Hierbei werden Lernumgebungen so gestaltet, dass sie den Lernenden dabei unterstützen, mehr und mehr selbstgesteuert zu lernen. So konnten Mandl, Gräsel & Fischer (2000) aufzeigen, dass sich die kognitive Modellierung von Strategien zum Lernen mit Diagnosefällen im Rahmen einer hypermedialen medizinischen Lernumgebung als wirksam zur Verbesserung der Selbststeuerung erweist. Auch spezifische Strategieanleitungen und Leittexte für die Bearbeitung komplexer inhaltlicher Probleme in hypermedialen Lernumgebungen können Lernende wirksam in Sinne zunehmender Selbststeuerung unterstützten (vgl. Fischer, 1997). Zusätzlich können sich hypermediale Hilfssysteme wie zum Beispiel Glossare, in denen Lernende Begriffe nachschlagen, Hintergrundinformationen erhalten oder Hinweise zum weiteren Vorgehen abrufen können, wirkungsvoll auf den Lernprozess auswirken (vgl. Leutner, 1992).

6.2.2 Zusammenfassung

Die neuen Informations- und Kommunikationstechnologien bieten Möglichkeiten, Lernumgebungen vor dem Hintergrund der gerade vorgestellten neuen Kultur des Lehrens und Lernens zu entwickeln. Im klassischen Unterricht sind die Möglichkeiten des einzelnen Lernenden, sich aktiv in die Lernsituation und den Lernprozess einzubringen, eher eingeschränkt. Lernumgebung, Lernzeit, Lernweg sind vorgegeben und die Aktionen, zu denen der Lernende gelegentlich aufgefordert wird (z.B. eine Frage beantworten), sind zeitlich sehr eingeschränkt. Der Lernende erfährt hierbei eher seine Begrenztheit als sein eigenes Wirksamkeitspotenzial (Weidenmann, 2000). Aktiv-konstruktives Lernen ist so nur selten möglich. Hier eröffnet E-Learning vielerlei Möglichkeiten, z.B. im Hinblick auf die Auswahl des eigenen Lernwegs, denn die Möglichkeit, den eigenen Lernweg zu wählen, hat eine motivierende Wirkung auf die Lernenden (Deci & Ryan, 1993).

Es wurden jedoch nicht nur motivationale Effekte von problemorientierten Lernumgebungen festgestellt. Diverse Studien im schulischen und universitären Rahmen (Cognition and Technology Group at Vanderbilt, 1992; Gräsel, 1997; Stark, Bürg & Mandl, 2002; Bürg, Winkler, Gerstenmaier & Mandl, 2004) stellten ebenfalls eine positive Einstellungsakzeptanz von Seiten der Lernenden für problemorientierte Lernumgebungen fest. In diesen Studien wurde die Nutzung der Lernumgebungen als Indikator für die Verhaltensakzeptanz nicht berücksichtigt.

Im Kontext von Akzeptanz von E-Learning in Unternehmen liegen allerdings bislang nur unzureichend Befunde vor (Bürg & Mandl, 2004).

In Studie 2 (Kapitel 8) liegt somit ein Fokus auf der Untersuchung des Einflusses didaktischer Gestaltungskriterien des problemorientierten Lernens auf die Akzeptanz von E-Learning als ein Teil der Merkmale der Lernumgebung.

Im nächsten Abschnitt wird nun auf die mediale Gestaltung von E-Learning-Angeboten näher eingegangen.

6.3 Mediale Gestaltung: Lernen mit dem Medium Internet

Das Lernen mit Multimedia verlangt vom Lerner, dass er verschiedene Formen der Darstellung eines Sachverhaltes analysiert, aufeinander bezieht und zu einer einheitlichen Wissensstruktur integriert. Je nach Zeichensystem und angesprochener Sinnesmodalität ist dabei die kognitive Verarbeitung unterschiedlichen Einschränkungen unterworfen. Wesentlich ist dabei nicht nur, welche Vor- und Nachteile mit der Verwendung unterschiedlicher Zeichensysteme assoziiert sind beziehungsweise welche Informationen eher in Form eines Textes, welche eher in Form eines realistischen Bildes und welche eher in Form eines Diagramms darzubieten sind. Von wesentlicher Bedeutung ist vor allem, dass diese Informationen inhaltlich aufeinander bezogen sind (Schnotz, 2001; Issing, 2002). So wirken sich zum Beispiel Illustrationen positiv auf das Behalten von Texten aus, sofern diese optimal gestaltet sind und sich inhaltlich aufeinander beziehen. Darüber hinaus müssen Illustrationen anschaulich, gut beschriftet, nicht überladen und nicht zu komplex sein (Aufenanger, 1999). Dies ist insbesondere wichtig, als die Bereitschaft Lernender, eine Passage am Bildschirm wieder und wieder zu lesen, bis die Zusammenhänge verstanden werden, wesentlich geringer ist als beim Lernen mit einem Buch (Bruns & Gajewski, 1999).

In verschiedenen Studien kristallisierte sich heraus, dass bestimmte Design-Prinzipien beachtet werden müssen, um eine lernfördernde Gestaltung von multimedialen Angeboten zu gewährleisten. Es ist anzunehmen, dass sich diese Design-Prinzipien auch positiv auf die Akzeptanz der E-Learning-Maßnahme auswirken (vgl. Simon, 2001). Zu diesen Design-Prinzipien zählen unter anderem Transparenz im Sinne von Einfachheit und Verständlichkeit, Konsistenz als gleichbleibendes Aussehen und gleichbleibende räumlich Anordnung wiederkehrender Elemente (vgl. Weidenmann, 1993). Daher müssen bei der Integration medialer Elemente, wie zum Beispiel Text, Bild, Ton, Video und Animation in computerbasierte Lernumgebungen gewisse Grundüberlegungen beachtet werden (Kopp, Dvorak & Mandl, 2003).

Text: Da Text zumeist ein zentrales Element in computerbasierten Lernumgebungen ist und das Lernen mit Texten am Bildschirm, wie bereits erwähnt, anstrengender für den Lernenden ist, muss das Element Text neuer Gestaltungskriterien entsprechen (Issing, 2002; Euler, 1992; Bruns & Gajewski, 1999; Lang & Pätzold, 2002; Kopp, Dvorak & Mandl, 2003). So muss die Textlänge der Tatsache Rechnung tragen, dass die Aufmerksamkeit beim Lernen schneller nachlässt und somit die Informationsmenge gering gehalten wird. Zudem sollte darauf geachtet werden, unterschiedliche Darstellungsweisen zu verwenden. Auch spielen das Layout des Textes sowie Texthervorhebungen eine wichtige Rolle zur Strukturierung eines Textes und zur Hervorhebung wichtiger Inhalte. Zu guter Letzt sind Textformulierungen wichtig, die den Text als sachlogisch aufgebauten, kurzen, präzisen und einfach formulierten Text präsentieren (Kopp, Dvorak & Mandl, 2003).

Bild: Neben dem Element Text ist Bild das wohl am häufigsten verwendete Gestaltungselement. Bilder tragen zum einen zum Wissenserwerb bei und zentrieren darüber hinaus zudem die Aufmerksamkeit der Lernenden. Bilder können klassische Abbildungen, wie reale Fotos oder Zeichnungen, sowie Visualisierungen in Form von Karten, Schemata oder Diagrammen sein (Reinmann-Rothmeier, Mandl & Ballstaedt, 1995).

Ton: Auch die Integration von Tönen, wie beispielsweise gesprochener Text, wirkt auf Lernende motivierend und ansprechend, was zur Folge hat, dass immer häufiger Sprechtexte in computerbasierte Lehr-Lernangebote aufgenommen werden. Dabei ist es allerdings wichtig, dass der Nutzer die Möglichkeit hat, die Tonelemente individuell zu steuern (Bruns & Gajewski, 1999).

Animationen: Mit Videofilmen lassen sich Arbeits- und Bewegungsabläufe als auch die soziale Interaktion darstellen. Dabei sind 3-D-Animationen vor allem bei der Illustration komplexerer Prozesse und Konstruktionen sinnvoll. Wichtig bei der Integration von Video-Elementen in eine computerbasierte Lernumgebung ist, dass bereits bei der Planung die zum Teil erheblichen Kosten als auch die zum Teil sehr langen Übertragungszeiten berücksichtigt werden. Eine Minimierung der beiden Faktoren kann durch den Einsatz von Flash-Animationen erreicht werden (Bruns & Gajewski, 1999).

Die vorliegende Arbeit untersucht unter medialen Gesichtspunkten zunächst, in Anlehnung an Kopp, Dvorak & Mandl (2003) die „Verständlichkeit der Medien", also inwiefern die verwendeten Texte, Bilder und Folien von den Lernenden als verständlich im Sinne des „Hamburger Verständlichkeitsmodells" von Langer, Schulz von Thun & Tausch (1981) eingeschätzt werden. Neben der „Verständlichkeit der Medien" wird aber auch untersucht, inwiefern die eingesetzten Medien die Akzeptanz der E-Learning-Maßnahme fördern, indem sie zum Beispiel Zusammenhänge veranschaulichen oder erläutern. Diese Aspekte werden in der Skala „Wirkung der Medien" erhoben. Eine zentrale Fragestellung dieser Arbeit ist, inwieweit die Einschätzung der genannten Aspekte mit der Einstellungs- und Verhaltensakzeptanz in Zusammenhang stehen. Auf der Grundlage der Befunde und Erkenntnisse der Einstellungs- und Verhaltensforschung und der Akzeptanzforschung wird ein direkter Zusammenhang der Einschätzung der Aspekte Verständlichkeit und Wirkung der Medien mit der Einstellungsakzeptanz vermutet. Zudem wird von einem indirekten Zusammenhang mit der Verhaltensakzeptanz, mediiert durch die Einstellungsakzeptanz, ausgegangen.

6.4 Zusammenfassung

In diesem Kapitel wurde aufgezeigt, dass bei der Untersuchung der Akzeptanz von E-Learning in Unternehmen die Merkmale der Lernumgebung zu beachten sind. Bisherige Studien (vgl. Goodhue, 1995; Goodhue & Thompsen, 1995) aus der Akzeptanzforschung mit technologiebasierten Informationssystemen konzentrierten sich lediglich auf die Untersuchung der Aufgabenschwierigkeit und Aufgabenvielfalt als Indikator für die Merkmale der Lernumgebung. Die didaktischen und medialen Gestaltungskriterien wurden bis dato weitgehend vernachlässigt. In der vorliegenden Arbeit wird versucht, diesem Defizit zu begegnen. Die Untersuchung des Zusammenhangs der Merkmale der didaktischen und medialen Gestaltung und des Zusammenhangs mit der Einstellungs- und Verhaltensakzeptanz wurde im Rahmen einer Schulung mit einem Web-Based-Training (siehe Kapitel 7.2), das nach den Leitlinien des problemorientierten Lernens gestaltet wurde, durchgeführt. Als Merkmale der didaktischen Gestaltung dienen in dieser Studie die Authentizität und Situiertheit, die instruktionale Unterstützung und die Selbststeuerung. Multiple Kontexte und Perspektiven und der soziale Kontext finden in der vorliegenden Studie keine Anwendung, da sie bei der Gestaltung des WBTs keine Anwendung fanden. Als Merkmale der medialen Gestaltung werden die Verständlichkeit und die Wirkung der Medien betrachtet.

Kapitel 7
Beschreibung des Gegenstandsbereichs der empirischen Studien.

In Kapitel 7 wird auf den Gegenstandsbereich der vorliegenden Arbeit näher eingegangen. Zur Überprüfung des Zusammenhangs der in Kapiteln 3-6 genannten Einflussfaktoren mit der Akzeptanz wurden zwei Studien in einem deutschen Pharmaunternehmen, das E-Learning neu eingeführt hat, durchgeführt. Studie 1 beschäftigt sich mit dem Einfluss der Merkmale der institutionellen Rahmenbedingungen auf die Einstellungs- und Verhaltensakzeptanz. Studie 2 fokussiert den Einfluss von Merkmalen des Individuums und Merkmalen der Lernumgebung auf die Einstellungs- und Verhaltensakzeptanz.

E-Learning wurde in dem Unternehmen in Form einer Lernplattform mit integrierten Kommunikationsmöglichkeiten und neu entwickelten Web-Based Trainings zur Schulung der Außendienstmitarbeiter umgesetzt.

Bevor auf die Studien näher eingegangen wird, erfolgt im Folgenden zuerst eine Darstellung der E-Learning-Angebote.

Gegenstandsbereich von Studie 1 stellte eine Produktschulung dar, die auf einer neu eingeführten E-Learning-Plattform und in einem virtuellen Konferenzraum als Kommunikationstool durchgeführt wurde.

Studie 2 untersucht die Akzeptanz für ein neu entwickeltes Web-Based-Training, das nach den Kriterien des problemorientierten Lernens entwickelt wurde.

7.1 Gegenstandsbereich Studie 1

Studie 1 fokussiert auf den Einfluss der instutionellen Rahmenbedingungen auf die Einstellungs- und Verhaltensakzeptanz. Aus diesem Grund wird im Folgenden beschrieben, wie die in Kapitel 4 aufgeführten personalen und organisationalen Maßnahmen sowie die technischen Rahmenbedingungen im Prozess der Implementation umgesetzt wurden, bevor eine detaillierte Beschreibung der E-Learning Umgebung erfolgt.

7.1.1 Umsetzung der personalen und organisationalen Maßnahmen sowie der technischen Rahmenbedingungen

Mit Hilfe der neuen E-Learning-Maßnahme, in Form einer Lernplattform mit integrierten Kommunikations- und Informationsmöglichkeiten, wurde eine Erweiterung der bestehenden Informations-, Kommunikations- und Lernmöglichkeiten angestrebt. Die Kommunikationsmöglichkeiten sollten beispielsweise durch Diskussionsforen, Chat und den virtuellen Konferenzraum erweitert werden. Die Lernmöglichkeiten wurden durch die Entwicklung von Web-Based-Trainings bereichert und die Informationsmöglichkeiten wurden ebenfalls durch die Nutzung der Diskussionsforen, der enthaltenen Bibliothek oder des virtuellen Konferenzraums ergänzt.

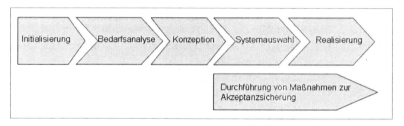

Abbildung 7: Die Phasen des Implementationsprozesses in Anlehnung an Hinkofer und Mandl (2004)

Die Implementation der neuen E-Learning-Maßnahme erfolgte nach den Phasen des Implementationsprozesses (siehe) (Hinkofer & Mandl, 2004). Zuerst erfolgte eine Initialisierungsphase, in der eine Vision und die strategische Planung im Vordergrund standen. Darauf folgte eine Bedarfsanalyse, in der Potentiale von E-Learning und die Bedürfnisse der Mitarbeiter ermittelt wurden. In der Konzeptionsphase wurden dann die Konzepte für die erfolgreiche Implementation entwickelt. Auf die Phase der Systemauswahl folgten schließlich die Realisierungen (Hinkofer & Mandl, 2004). Der Implementationsprozess wurde durch organisationale und personale Maßnahmen begleitet. Zudem wurde darauf geachtet, die entsprechenden technischen Rahmenbedingungen zu schaffen.

Im Bereich der organisationalen Maßnahmen wurde vor allem Wert darauf gelegt, dass die Geschäftsführung die Einführung der neuen E-Learning-Maßnahme aktiv unterstützte und dass für die Bearbeitung der Lerninhalte entsprechende Freiräume geschaffen wurden.

Gerade der Information und der Kommunikation wurde große Bedeutung beigemessen. Die Mitarbeiter sollten rechtzeitig informiert und über Fortschritte auf dem Laufenden gehalten werden. Ziel war es dabei, Ängste und Vorurteile abzubauen sowie eine positive Einstellung gegenüber der E-Learning-Maßnahme aufzubauen. Als Informationsmedium wurde ein Newsletter eingeführt, der speziell für die E-Learning-Maßnahme konzipiert war. Begonnen wurde das Implementationsprojekt mit einer Kick-Off-Veranstaltung, die ebenfalls als Informationsangebot diente. Im Rahmen der vorangegangenen Bedarfserhebung wurde versucht, die Mitarbeiter bereits im Einführungsprozess partizipieren zu lassen.

In Hinblick auf die Partizipation wurde durch die schon erwähnte Bedarfserhebung versucht, die Mitarbeiter und ihre Bedürfnisse in die weitere Planung mit einzubeziehen. Zudem hatten sie jederzeit die Möglichkeit, Wünsche und Anregungen zur Weiterentwicklung der E-Learning-Angebote zu äußern.

Doch auch die Betreuung hatte einen großen Stellenwert. Die E-Trainer, deren Hauptaufgabe die Betreuung der Pharmareferenten ist, wurden eigens dafür geschult. Eine Hotline wurde eingeführt und parallel dazu standen Tutoren zur Verfügung.

Im Bereich der technischen Rahmenbedingungen wurden die Internetverbindungen mittels einer modernen DSL-Leitung optimiert. In Pilotphasen prüften ausgewählte Mitarbeiter die Angebote auf Bedienbarkeit und technische Funktionen.

7.1.2 Beschreibung der E-Learning Umgebung

Bei der der Untersuchung zu Grunde liegenden E-Learning-Umgebung handelt es sich um eine Lernplattform. Die Lernplattform enthält eine Bibliothek, in der die Mitarbeiter aktuelle Informations- und Lernmaterialien abrufen können. Des Weiteren steht den Lernenden ein so genanntes Lernstudio zur Verfügung, in dem Web-Based-Trainings zu neuen Programmen (wie z.B. Lotus-Notes) enthalten sind. Zudem beinhaltet die Lernplattform Kommunikationsmöglichkeiten, um mit den anderen Kollegen Informationen auszutauschen und gemeinsam die virtuelle Schulung nachzubereiten (Abbildung 8).

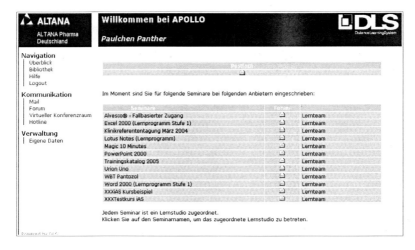

Abbildung 8: Einstiegsseite der Lernplattform

Die Lernplattform wird unter anderem dazu genutzt, die Mitarbeiter in einem virtuellen Konferenzraum über neue Produkte für den Außendienst zu schulen. Die Schulungen sind für einen Zeitraum von 3 Wochen angesetzt. In diesen drei Wochen erhalten die Teilnehmer auf der Lernplattform Materialien und Informationen zu den zu lernenden Inhaltsgebieten, die sie selbstständig bearbeiten müssen. Zudem beinhaltet die Schulung vier Treffen in einem virtuellen Konferenzraum. Zu einem vorgegebenen Zeitpunkt treffen sich die Mitarbeiter in diesem virtuellen Raum und werden dort beispielsweise zu neuen Medikationen geschult (Abbildung 9).

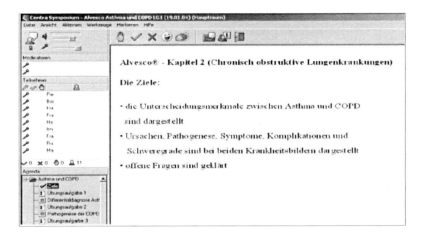

Abbildung 9: Treffen im Virtuellen Konferenzraum

Am Ende der Treffen müssen die Teilnehmer Übungsaufgaben, in diesem Fall individuell, bearbeiten. Eine Auswertung der Aufgaben und die Klärung offener Fragen erfolgt unmittelbar im Anschluss durch den Trainer (Abbildung 10).

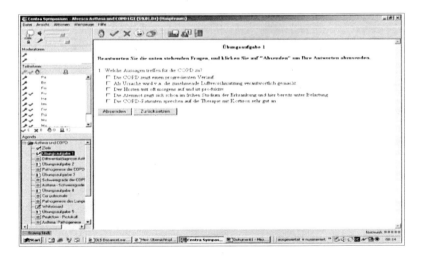

Abbildung 10: Übungsaufgabe des virtuellen Konferenzraums

Die Sitzungen werden jeweils von einem erfahrenen Trainer geleitet, der in diesem Fall die Übermittlung der Lehrinhalte übernimmt. Er kann durch Zuweisung des Mikrofons das Sprachrecht auch an einzelne Teilnehmer weitergeben, um beispielsweise Fragen oder Ergänzungen aufzunehmen. Die Teilnehmer können durch Anforderung des Mikrofons erkenntlich machen, dass Sie einen Wortbeitrag, in Form einer Frage, einer Ergänzung oder Ähnlichem leisten wollen.

7.1.3 Untersuchungsmodell Studie 1

Aufbauend auf das Untersuchungsmodell aus Kapitel 3 wurde aufgrund der theoretischen Erläuterungen zu den institutionellen Rahmenbedingungen während der Implementation (Kapitel 4) folgendes Untersuchungsmodell entwickelt (Abbildung 11).

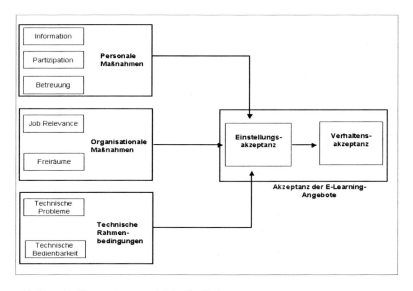

Abbildung 11: Untersuchungsmodell für Studie 1

Hauptfragestellung von Studie 1 ist, inwieweit ein Zusammenhang zwischen den erhobenen Merkmalen der personalen und organisationalen Maßnahmen sowie der technischen Rahmenbedingungen und der Einstellungsakzeptanz für die neu eingeführten E-Learning-Angebote besteht. Da diese Arbeit versucht zu erklären, wie die Nutzung der E-Learning-Angebote beeinflusst wird, ist der Zusammenhang zwischen Einstellungs- und Verhaltensakzeptanz ebenso von Interesse .

Nachdem der Gegenstandsbereich und das Vorgehen für Studie 1 erläutert wurde, erfolgt nun eine Darstellung von Studie 2.

7.2 Gegenstandsbereich Studie 2

In Studie 2 wird der Einfluss von Merkmalen des Individuums (Kapitel 5) und Merkmalen der Lernumgebung (Kapitel 6) auf die Einstellungs- und Verhaltensakzeptanz eines Web-Based-Trainings zur Schulung der Außendienstmitarbeiter des Pharmaunternehmens untersucht.

7.2.1 Beschreibung der E-Learning-Umgebung

Das Konzept für das Web-Based-Training basiert auf dem Ansatz des problemorientierten Lernens mit dem Ziel, möglichst anwendungsorientiertes Wissen zu vermitteln.

Anhand authentischer Problemsituationen in Form verschiedener Beratungsfälle wird den Mitarbeiter das nötige Produktwissen vermittelt. Der Einstieg in die Problemsituation erfolgt durch die konkrete Falldarstellung eines Verkaufsgesprächs.

Abbildung 12: Beispielseite des WBTs

Dabei findet sich der Lernende selbst in der Rolle des Pharmareferenten und soll auf die Fragen eines potentiellen Käufers, also dem Arzt, eingehen.

Zusätzlich können die Mitarbeiter auch auf systematisch aufbereitete Inhalte zurückgreifen und somit gezielt Informationen zu einzelnen Punkten abrufen und somit das eigen Wissen im Hinblick auf die Fragestellung des Arztes erweitern. Das heißt, der Lernende entscheidet selbst, über welche Themenbereiche und Inhalte er mehr erfahren will oder ob er schon genügend Kenntnisse zur Beantwortung der Frage des Arztes hat (Winkler, Mandl, Heuser & Weber, in Druck). Abbildung 13 zeigt eine Beispielseite für die vertiefenden Informationen.

Abbildung 13: Beispielseite vertiefende Informationen im fallbasierten Zugang

7.2.1.1 *Umsetzung der Prinzipien des Problemorientierten Lernens*

Die Prinzipien des problemorientierten Lernens (Gräsel, 1997; Reinmann-Rothmeier & Mandl, 2001) wurden wie folgt umgesetzt.

Lernen anhand authentischer Probleme: Entsprechend der Leitlinie „Authentizität und Situiertheit" wird der Lernende bereits zu Beginn mit einer komplexen Problemstellung konfrontiert, für die er eine Lösung finden soll (vgl. Tröndle, Fischer, Mandl, Koch, Teege & Schlichter, 1999). Dabei wurde Wert darauf gelegt, dass der Problemkontext möglichst der realen Berufspraxis der Pharmareferenten ähnelt und möglichst authentisch gestaltet ist. Der Lernende findet sich selbst in der Rolle des Pharmareferenten während eines Verkaufsgespräches und soll auf die Fragen des potentiellen Käufers, dem Arzt, eingehen.

Instruktionale Unterstützung: In dem WBT erfolgt die instruktionale Unter-stützung durch die Expertenmodellierung. Man unterscheidet verschiedene Arten der Expertenmodellierung. Die eine Möglichkeit ist, eine bereits ab-geschlossene Expertenlösung für das gegebene Problem zur Verfügung zu stellen, mit der sich der Lernende auseinandersetzen kann. In diesem Fall ist der Modellierungsprozess eher ergebniszentriert. Lernprozesse werden in diesem Falle dadurch initiiert, dass der Lernende seine eigene Lösung mit der des Experten vergleicht und Unterschiede analysiert. Dabei kommt dem Weg der Lösungsfindung eher eine untergeordnete Rolle zu. Die andere Möglich-keit ist eine eher prozessorientierte Modellierung, bei der der Experte seine einzelnen Problemlöseschritte modelliert und dabei seine Denkprozesse ver-balisiert, die seinen Arbeitsprozess begleiten. Diese Art der Modellierung wird als eher prozessorientiert bezeichnet, da Prozesse der Lösungsfindung und dafür herangezogene Strategien und Vorgehensweisen thematisiert werden (Tröndle, Fischer, Mandl, Koch, Teege & Schlichter, 1999). In der Lernumge-bung wurde eine ergebniszentrierte Modellierung umgesetzt. Das bedeutet im Konkreten, dass der Lernende eine Musterlösung durch die Experten erhält und diese mit der eigenen Lösung vergleichen kann.

Abbildung 14: Vergleich der „eigenen Antwort" mit der Expertenantwort

Diese Form der Modellierung bietet sich an, da es sich beim Vorgehen nicht um die Aufbereitung eines „Vorgehensplans" handelt. Dem Lernenden soll vielmehr eine „Musterlösung" für eine Argumentationskette vermittelt werden. Die Modellierung der Experten erfolgt über einen Erläuterungstext und stichpunktartige Zusammenfassungen der gesprochenen Erläuterungen. Der gesprochene Erläuterungstext kann als Muster einer Argumentationskette auf die Anfangsfrage der Arztes verstanden werden. Zusätzlich dazu wird dem Lernenden ein Bild der Experten dargeboten.

Darüber hinaus sollen die Experten den Lernenden für seine Arbeit motivieren und betonen seine „Wichtigkeit" für den Erfolg des Unternehmens.

Abbildung 15: Stichpunkartige Lösung der Experten im „WBT"

Selbststeuerung: Der Lernende hat die Möglichkeit, gezielt Informationen zu einzelnen Punkten abzurufen und sein Wissen in Hinblick auf die Fragestellung des Arztes zu erweitern. Er muss somit selbst entscheiden, über welche Themenbereiche und Inhalte er mehr erfahren will. Er agiert somit im Sinne des Ansatzes problemorientierten Lernens nicht als passiver Rezipient, sondern wird durch die Lernumgebung selbst zu aktiver und selbständiger Informationssuche aufgefordert. Dies bedeutet, er agiert im Sinne des problemorientierten Lernens selbstgesteuert.

7.2.1.2 *Umsetzung der medialen Gestaltungskriterien*

Die in Kapitel 6 geschilderten medialen Gestaltungskriterien wurden in dem vorliegenden WBT wie folgt umgesetzt:

Verständlichkeit der Medien: Die Medien sind aufeinander abgestimmt und sollen sich gegenseitig ergänzen. So wurden zum Beispiel die Expertenlösungen in Stichpunkten dargestellt und zudem durch eine ausführliche gesprochene Version der „Musterlösung" ergänzt. Daneben wurden kurze Animationen zur Verdeutlichung eines Ablaufes durch Texte erläutert.

Wirkung der Medien: Der Problemkontext ist als Multimedia- Modul konzipiert, welches die zentrale Frage des Arztes in den Vordergrund stellt und somit als Leitlinie für das weitere Vorgehen fungiert. Im Anschluss an die Einführung der Fragestellung hat der Lernende die Möglichkeit aktiv Informationen anzufordern und somit sein Wissen zur Problemstellung zu erweitern. Dies geschieht durch die selbstgesteuerte Auswahl und Selektion des Lernenden. Daher kann man von einer Form der multimedialen Darstellung als interaktiven Problemkontext sprechen (Tröndle, Fischer, Mandl, Koch, Teege und Schlichter, 1999). Die Möglichkeiten multimedialer Gestaltung wurden hierbei hauptsächlich dazu eingesetzt, die Informationen möglichst anschaulich und konzentriert darzustellen.

7.2.2 Untersuchungsmodell für Studie 2

Analog zu Studie 1 dient das in Kapitel 3 dargestellte Modell als Grundlage der Untersuchung. In Studie 2 wird der Zusammenhang zwischen den Merkmalen des Individuums und den Merkmalen der Lernumgebung direkt mit der Einstellungsakzeptanz und indirekt mit der Verhaltensakzeptanz untersucht.

Die Auswahl der einzelnen Aspekte erfolgte auf Grundlage der in Kapitel 5 und 6 dargestellten theoretischen Erläuterungen (Abbildung 16).

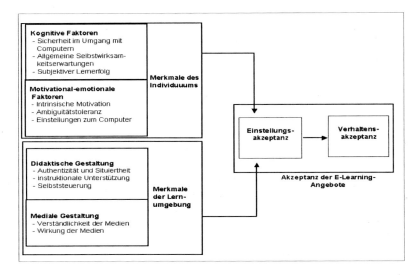

Abbildung 16: Untersuchungsmodell für Studie 2

Nachdem der Gegenstandsbereich und die Modelle der beiden empirischen Studien aufgezeigt wurden, werden in den nächsten Kapiteln die Studien näher betrachtet.

Kapitel 8
Studie 1: Einfluss institutioneller Rahmenbedingungen auf die Akzeptanz

In Kapitel 8 wird eine erste Pilotstudie zum Einfluss der in Kapitel 4 dargestellten personalen und organisationalen Maßnahmen und der technischen Rahmenbedingungen während der Implementation geschildert. Gegenstandsbereich dieser Untersuchung bildete ein Pharmaunternehmen, das E-Learning in die Weiterbildungslandschaft implementiert hat (siehe Kapitel 7.1).

8.1 Untersuchungsfragen

Zusammenhang zwischen organisationalen und personalen Maßnahmen sowie den technischen Rahmenbedingungen und der Einstellungsakzeptanz

1. Inwieweit besteht ein Zusammenhang zwischen den organisationalen Maßnahmen und der Einstellungsakzeptanz für die implementierten E-Learning-Angebote?

Ausgehend von den oben dargestellten Erkenntnissen und Befunden zur Implementation von technischen Neuerungen wird ein positiver Zusammenhang zwischen den organisationalen Maßnahmen und der Einstellungsakzeptanz angenommen.

2. Inwieweit besteht ein Zusammenhang zwischen den personalen Maßnahmen und der Einstellungsakzeptanz für die implementierten E-Learning-Angebote?

Es soll geklärt werden, inwieweit ein Zusammenhang zwischen den oben aufgeführten personalen Maßnahmen und der Einstellungsakzeptanz besteht. Aufgrund der Befunde wird davon ausgegangen, dass eine positive Einschätzung der Aspekte mit einer positiven Einstellungsakzeptanz einhergeht.

3.   Inwieweit besteht ein Zusammenhang zwischen den technischen Rahmenbedingungen und der Einstellungsakzeptanz für die implementierten E-Learning-Angebote?

Zusätzlich wird der Zusammenhang zwischen den technischen Rahmenbedingungen und der Einstellungsakzeptanz betrachtet. Auch hier wird aufgrund der oben dargestellten Befunde ein positiver Zusammenhang angenommen.

Zusammenhang zwischen der Einstellungs- und der Verhaltensakzeptanz
4.   Inwieweit besteht ein Zusammenhang zwischen der Einstellungs- und der Verhaltensakzeptanz?
Nachdem der Zusammenhang der erhobenen Aspekte mit der Einstellungsakzeptanz geklärt wurde, ist nun der Zusammenhang der Einstellungsakzeptanz mit der Verhaltensakzeptanz von Interesse. Aufgrund des oben dargestellten theoretischen Modells (Davis, 1989) und theoretischer Erkenntnisse aus der Einstellungs- und Verhaltensforschung (vgl. Ajzen & Fishbein, 2000) wird von einem positiven Zusammenhang zwischen beiden Variablen ausgegangen.

8.2 Methode

8.2.1 Untersuchungsteilnehmer

An der Untersuchung nahmen 26 Außendienstmitarbeiter eines großen Pharmaunternehmens teil, die zum ersten Mal eine Produktschulung via E-Learning besuchten.

8.2.2 E-Learning-Umgebung

Als E-Learning-Umgebung diente die in Kapitel 7.1 dargestellte Lernplattform mit virtuellem Klassenzimmer.

8.2.3 Untersuchungsdesign

Bei der vorliegenden Untersuchung handelt es sich um ein Einzelgruppen-Post-Test-Design (Shadish, Cook & Campell, 2002). Die Untersuchungsteilnehmer erhielten nach Abschluss der oben beschriebenen Produktschulung einen Online-Fragebogen. Sie hatten die Aufgabe, die Rahmenbedingungen der Implementation retrospektiv zu bewerten. Zusätzlich wurden die Einstellungs- und die Verhaltensakzeptanz abgefragt.

8.2.4 Instrumente

Zur Erhebung wurde– wie bereits erwähnt – ein Fragebogen entwickelt, der geschlossene Fragen zu den nachfolgend erläuterten Dimensionen enthält.

Verhaltensakzeptanz
Als Indikator für Verhaltensakzeptanz wurden die Teilnehmer befragt, wie viele Minuten sie die E-Learning-Angebote freiwillig wöchentlich nutzen.

Einstellungsakzeptanz
Die Einstellungsakzeptanz wurde in Anlehnung an Venkatesh und Davis (2000) operationalisiert. Die Skala bestand aus sechs Items (z.B. „Ich werde die E-Learning-Angebote in Zukunft für den Austausch mit Kollegen nutzen"). Die Reliabilität betrug .91 (Cronbachs Alpha).

Personale Maßnahmen
Information: Als Indikator für die Information der Teilnehmer diente die Einschätzung der Mitarbeiter, inwieweit sie sich über das neue Ausbildungskonzept informiert fühlten. Die Einschätzung erfolgte in Schulnoten. Die Werte dieser Skala wurden umgepolt, so dass, analog zu den anderen Skalen, ein hoher Wert einer positiven Einschätzung entsprach.
Partizipation der Teilnehmer: Als Indikator für die Partizipation der Teilnehmer am Einführungsprozess diente die Einschätzung der Mitarbeiter, inwieweit sie sich am Einführungsprozess beteiligt fühlten. Die Einschätzung erfolgte in Schulnoten. Die Werte dieser Skala wurden umgepolt, so dass, analog zu den anderen Skalen, ein hoher Wert einer positiven Einschätzung entsprach.

Betreuung: Die Skala Betreuung umfasste 3 Items (z.b. „Bei inhaltlichen Fragen fühlte ich mich gut betreut"). Die Reliabilität betrug .60 (Cronbachs Alpha).

Organisationale Maßnahmen

Relevanz: Die Skala Relevanz der E-Learning-Angebote umfasste 3 Items (z.b. „Durch die E-Learning-Schulung erhalte ich wichtige Informationen für meine Arbeit"). Die Reliabilität betrug .91 (Cronbachs Alpha).

Freiräume: Die Skala Freiräume am Arbeitsplatz für E-Learning umfasste 3 Items (z.b. „Mir wurden genügend Freiräume zur Verfügung gestellt, um an der E-Learning-Schulung teilzunehmen"). Die Reliabilität betrug .60 (Cronbachs Alpha).

Technische Rahmenbedingungen

Technische Probleme: Diese Skala umfasste 5 Items (z.b. „Ich hatte während der Teilnahme an der Schulung keine technischen Probleme"). Die Reliabilität betrug .73 (Cronbachs Alpha).

Technische Bedienbarkeit: Die Skala Bedienbarkeit umfasste 7 Items (z. B. „Insgesamt fiel mir die Orientierung im virtuellen Konferenzraum leicht"). Die Reliabilität betrug .87 (Cronbachs Alpha).

8.3 Ergebnisse

Deskriptive Auswertung

In einem ersten Schritt wurden die Daten deskriptiv ausgewertet, um einen Überblick über die Ausprägungen der Werte in den untersuchten Aspekten zu erhalten.

Personale Maßnahmen

Die Mittelwerte der Einschätzung der personalen Maßnahmen waren von mittlerer bis hoher Ausprägung.

Die Teilnehmer der Untersuchung schätzten ihre Information über die neu eingeführten E-Learning-Maßnahmen bei einem Mittelwert von 4.61 ($SD = 0.75$; *Theoretisches Maximum* = 6) überwiegend als hoch ein. Der Median lag bei 5.00, der niedrigste Werte bei 3.00 und der höchste bei 6.00.

Bezüglich der Partizipation lag der Mittelwert bei 3.72 (*SD* = 1.17; *Theoretisches Maximum* = 6). Der Median lag bei 4.00, der niedrigste Wert bei 1.00 und der höchste bei 5.00. Somit bleibt festzuhalten, dass die Einschätzung der Partizipation niedriger ausfiel als die Einschätzung der Information. Über dies ist anzumerken, dass 50% der Befragten ihre Partizipation am Einführungsprozess „eher niedrig" oder „niedrig" einschätzten.

Bezüglich der Betreuung ergab sich wiederum ein positives Bild. Der Mittelwert von 5.32 (*SD* = 0.64; *Theoretisches Maximum* = 6) spricht für eine überwiegend sehr positive Einschätzung der Betreuung seitens der Befragten. Der Median lag bei 5.66, der niedrigste Wert bei 3.33, der höchste bei 6.00. Die Mitarbeiter fühlten sich alle „weitgehend gut" oder „gut" betreut.

In Tabelle 1 sind die Mittelwerte und Standardabweichungen nochmals im Überblick dargestellt.

Tabelle 1:Deskriptive Statistik der personalen Maßnahmen. Mittelwerte und Standardabweichungen

	M	*SD*
Personale Maßnahmen		
Information	4.61	0.75
Partizipation	3.72	1.17
Betreuung	5.32	0.64

Anmerkung: Wertebereich von 1 = niedrig bis 6 = hoch.

Organisationale Maßnahmen

Als Indikatoren für organisationale Maßnahmen wurden die „job relevance" bzw. die Relevanz der eingeführten E-Learning-Angebote für den Arbeitsalltag und das Vorhandensein von Freiräumen für die Bearbeitung der E-Learning-Angebote untersucht (Tabelle 2).

Die „job relevance" wurde von den Befragten bei einem Mittelwert von 4.59 (SD = 1.05; *Theoretisches Maximum* = 6) recht hoch eingeschätzt. Der Median lag bei 4.67, der niedrigste Wert bei 1.67 der höchste bei 6.00. Diese Werte belegen, dass die Teilnehmer die E-Learning-Angebote überwiegend als relevant für ihren Arbeitsalltag einschätzten.

Tabelle 2:Deskriptive Statistik der organisationalen Maßnahmen. Mittelwerte und Standardabweichungen.

Organisationale Maßnahmen	*M*	*SD*
„job relevance"	4.59	1.05
Freiräume	3.11	0.55

Anmerkung: Wertebereich von 1 = niedrig bis 6 = hoch.

Hinsichtlich der Einschätzung der zur Verfügung stehenden Freiräume ergab sich ein etwas anderes Bild. Der Mittelwert lag mit 3.11 (SD = 0.55; *Theoretisches Maximum* = 6) niedriger als bei der „job relevance". Der Median betrug 3.00, der niedrigste Wert lag bei 2.33, der höchste bei 4.33. Diese Werte bedeuten, dass 50% der Teilnehmer die Freiräume, die sie für die Bearbeitung der E-Learning-Angebote zur Verfügung haben, als eher gering und 50% als eher ausreichend einschätzten.

Technische Rahmenbedingungen

Als Indikatoren für die technischen Rahmenbedingungen wurde zum einen das Auftreten von technischen Problemen und zum anderen die Bedienbarkeit untersucht (Tabelle 3).
Bei der Einschätzung der technischen Probleme lag der Mittelwert bei 4.87 (SD = 0.25; *Theoretisches Maximum* = 6). Der Median betrug 4.9, der niedrigste Wert 4.45 und der höchste 5.4. Die Teilnehmer schätzten somit die technischen Funktionalitäten durchweg positiv ein und hatten keine nennenswerten technischen Probleme.

Tabelle 3: Deskriptive Statistik der technischen Rahmenbedingungen. Mittelwerte und Standardabweichungen.

	M	*SD*
Technische Rahmenbedingungen		
Technische Probleme	4.87	0.25
Technische Bedienbarkeit	5.19	0.59

Anmerkung: Wertebereich von 1 = negativ bis 6 = positiv.

Die Einschätzung der Bedienbarkeit fiel mit einem Mittelwert von 5.19 (*SD* = 0.59; *Theoretisches Maximum* = 6) ebenfalls hoch aus. Der Median betrug 5.37, der niedrigste Wert war 3.88, der höchste 6.00.

Einstellungs- und Verhaltensakzeptanz

Die Einstellungsakzeptanz war in der Stichprobe bei einem Mittelwert von 5.66 (*SD* = 0.94; *Theoretisches Maximum* = 7) ebenfalls hoch ausgeprägt. Der Median lag bei 5.72, der niedrigste Wert betrug 2.92, der höchste 7.00. Somit bleibt festzuhalten, dass die Teilnehmer überwiegend eine positive Einstellung gegenüber der Nutzung der E-Learning-Angebote aufwiesen.

Die E-Learning-Angebote wurden von den Befragten durchschnittlich 72.69 Minuten wöchentlich genutzt (SD = 38.11). Maximale Nutzungszeit war 3 Stunden (180 Minuten), minimale Nutzungszeit eine halbe Stunde (30 Minuten) wöchentlich. Der Median lag bei einer Stunde (60 Minuten) Nutzungszeit. Da in dieser Untersuchung die freiwillige Nutzungszeit erhoben wurde, kann festgehalten werden, dass die Nutzungszeit überwiegend recht hoch ausfiel.

Zusammenhang zwischen den personalen und organisationalen Maß-
nahmen, den technischen Rahmenbedingungen und der Ein-
stellungsakzeptanz

Die Ergebnisse der bivariaten Korrelation ergaben signifikante Zusammenhänge der meisten untersuchten Aspekte und der Einstellungsakzeptanz (Tabelle 4).

Tabelle 4:Bivariate Korrelationen zwischen den Rahmenbedingungen der Implementation und der Einstellungsakzeptanz (N = 26).

	Einstellungsakzeptanz
Personale Maßnahmen	
Information	.75**
Partizipation	.32
Betreuung	.53**
Organisationale Maßnahmen	
Relevanz für den Arbeitsalltag	.83**
Freiräume	.59**
Technische Rahmenbedingungen	
Technische Funktionalitäten	.02
Bedienbarkeit	.59**

Anmerkung: ** $p < .01$ (zweiseitige Signifikanzprüfung).

Hinsichtlich der Aspekte personaler Maßnahmen war die wahrgenommene Information hoch positiv mit der Einstellungsakzeptanz assoziiert. Hohe wahrgenommene Information ging mit einer hohen Einstellungsakzeptanz einher. Der Zusammenhang zwischen der wahrgenommenen Partizipation und der Einstellungsakzeptanz war lediglich von mittlerer Höhe und nicht statistisch signifikant. Die wahrgenommene Betreuung allerdings war wiederum hoch positiv mit der Einstellungsakzeptanz assoziiert. Eine höhere wahrgenommene Betreuung ging somit mit einer höheren Einstellungsakzeptanz einher.

Bei den Aspekten der organisationalen Maßnahmen ergab sich bei bivariater Betrachtung ein eindeutiges Bild. Die Relevanz für den Arbeitsalltag war hoch positiv mit der Einstellungsakzeptanz assoziiert. Eine hohe Einschätzung der Relevanz ging mit einer hohen Einstellungsakzeptanz einher. Ebenso war der Zusammenhang der Einschätzung der Freiräume am Arbeitsplatz mit der Einstellungsakzeptanz hoch positiv und hoch signifikant.

Die Korrelationen der technischen Rahmenbedingungen und der Einstellungsakzeptanz ergaben wiederum ein heterogenes Bild. Das Auftreten von technischen Problemen war nahezu nicht mit der Einstellungsakzeptanz assoziiert. Es war somit kein systematischer Zusammenhang mit der Einstellungsakzeptanz festzustellen. Die wahrgenommene Bedienbarkeit stand wiederum in hoch signifikantem Zusammenhang mit der Einstellungsakzeptanz. Eine positive Einschätzung der Bedienbarkeit ging mit einer hohen Einstellungsakzeptanz einher.

Interkorrelationen zwischen organisationalen und personalen Maßnahmen sowie der technischen Rahmenbedingungen

Zur Interpretation der Zusammenhänge der Lernermerkmale und den Merkmalen der Lernumgebung mit der Einstellungsakzeptanz wurde in einem nächsten Schritt die Interkorrelationen zwischen den einzelnen Aspekten untersucht (Tabelle 5).

Insgesamt weist die Korrelationsmatrix mittlere bis hohe Korrelationen auf. Die organisationale Maßnahme „job relevance" korrelierte hoch positiv mit den personalen Maßnahmen Freiräume, Information und Betreuung sowie mit der technischen Bedienbarkeit. Die organisationale Maßnahme Freiräume war wiederum hoch mit der personalen Maßnahme Information und mittel mit Betreuung assoziiert.

Tabelle 5: Interkorrelation der einzelnen organisationalen, personalen und technischen Variablen (N = 26)

		2)	3)	4)	5)	6)	7)
1)	„job relevance"	.54**	.33	.77**	.66**	.26	.57**
2)	Freiräume		.32	.56**	.43	.15	.36
3)	Partizipation			.47*	.15	.12	.24
4)	Information				.54**	.30	.55**
5)	Betreuung					.37	.62**
6)	Technische Probleme						.83**
7)	Technische Bedienbarkeit						

Anmerkungen: *p<.05; **p<.01 (zweiseitige Signifikanzprüfung)

Eine hohe Einschätzung der „job relevance" ging demnach mit einer hohen Einschätzung der Freiräume, der Information, der Betreuung und der technischen Bedienbarkeit einher.
Innerhalb der personalen Maßnahmen war die Partizipation in mittlerer Höhe mit der Information assoziiert. Von der Variable Partizipation konnte zu den übrigen Variablen kein Zusammenhang festgestellt werden. Die organisationale Maßnahme Information dagegen korrelierte hoch mit der Betreuung und der technischen Bedienbarkeit. Die Variable Betreuung, zu den personalen Maßnahmen gehörend, korrelierte ebenfalls hoch mit der technischen Bedienbarkeit. Die Variable technische Probleme war hoch signifikant mit der Variable technische Bedienbarkeit assoziiert.

Zusammenhang zwischen der Einstellungs- und Verhaltensakzeptanz

Die Untersuchung des Zusammenhangs zwischen der Einstellungs- und der Verhaltensakzeptanz ergab einen signifikanten Zusammenhang in mittlerer Höhe (*r* = 0.39; *p* < .05). Eine hohe Einstellungsakzeptanz ging mit einer hohen Verhaltensakzeptanz einher. Die vorher formulierten Annahmen wurden bestätigt.

Zudem wurde untersucht, inwieweit die erhobenen Aspekte der personalen und organisationalen Maßnahmen sowie der technischen Rahmenbedingungen mit der Verhaltensakzeptanz direkt assoziiert sind. Die bivariaten Korrelationen ergaben allerdings keinen signifikanten Zusammenhang. Dieser Befund spricht für den indirekten Zusammenhang der erhobenen Aspekte mit der Verhaltensakzeptanz.

8.4 Diskussion der Ergebnisse der Studie 1

Ziel der vorliegenden Studie war es, Faktoren der institutionellen Rahmenbedingungen zu identifizieren, die anhand der bestehenden Akzeptanz-, Implementations- sowie Einstellungs- und Verhaltensforschung einen Einfluss auf die Akzeptanz von E-Learning seitens der Mitarbeiter vermuten lassen. Die Studie lieferte somit erste Anhaltspunkte dafür, dass die Einstellungsakzeptanz systematisch sowohl mit Aspekten der organisationalen und personalen Maßnahmen als auch mit Aspekten der technischen Rahmenbedingungen assoziiert ist.

8.4.1 Zusammenhang zwischen organisationalen und personalen Maßnahmen sowie den technischen Rahmenbedingungen und der Einstellungsakzeptanz

Zusammenhang zwischen den organisationalen Maßnahmen und der Einstellungsakzeptanz

Hinsichtlich der organisationalen Maßnahmen bestätigten sich die Befunde von Venkatesh und Davis (2000), Venkatesh (2000) und Benbasat und Zmud (1999), die einen positiven Zusammenhang der „job relevance" und der Einstellungsakzeptanz feststellten. Dieser Befund belegt die Wichtigkeit einer Bedarfserhebung vor der Implementation von E-Learning (vgl. Back et. al, 2001; Tarlatt, 2001). Es ist notwendig, den aktuellen Bedarf der Mitarbeiter zu kennen, um die Relevanz der E-Learning-Angebote für den Arbeitsalltag zu sichern. Der im Voraus erhobene Bedarf der Mitarbeiter sollte wiederum während des gesamten Implementationsprozesses berücksichtigt werden.

Auch die Überprüfung des Vorhandenseins von Freiräumen und deren Zusammenhang mit der Einstellungsakzeptanz erbrachte die vorher angenommenen Ergebnisse. Die Mitarbeiter, die das Vorhandensein von Freiräumen
positiv einschätzten, wiesen auch eine höhere Einstellungsakzeptanz auf.
Somit bietet diese Studie erste Anhaltspunkte dafür, dass es bei der Implementation von E-Learning wichtig ist, entsprechende Freiräume zur Bearbeitung zu schaffen, um die Einstellungsakzeptanz zu fördern (vgl. auch Back
et al., 2001).

Es ist also insgesamt festzuhalten, dass im Bereich der organisationalen Maßnahmen die erwarteten Befunde und Ergebnisse bestätigt wurden. Dies
wiederum manifestiert die Wichtigkeit dieser Variablen vor und während des
Implementationsprozesses.

Zusammenhang zwischen den personalen Maßnahmen und der Einstel-
lungsakzeptanz

Hinsichtlich der personalen Maßnahmen ging ein höheres Maß an Information
mit einer höheren Einstellungsakzeptanz einher. Die Mehrheit der Teilnehmer
fühlte sich gut informiert. Somit kann diesbezüglich festgehalten werden, dass
aufgrund der oben dargestellten Befunde (siehe Kapitel 4), und dem vorliegenden Befund empirische Anhaltspunkte bestehen, dass die Information
der Mitarbeiter einen Aspekt darstellt, der zur Akzeptanzförderung dient.

Allerdings verwundert der Befund, dass die wahrgenommene Partizipation nur
sehr niedrig mit der Einstellungsakzeptanz assoziiert war. Der Partizipation
der Mitarbeiter wird sowohl in der Implementations- (vgl. Tarlatt, 2001) als
auch in der Akzeptanzforschung eine wichtige Rolle beigemessen (Reiß,
1997). So sieht beispielsweise von Rosenstiel (2000) in der Einbeziehung der
Mitarbeiter eine wesentliche Voraussetzung zur Förderung der Mitarbeiterakzeptanz. Der vorliegende Befund ist zudem mit den Befunden von Barki und
Hartwick (1989) nicht konform, die einen signifikanten Einfluss der Partizipation auf die Verhaltensakzeptanz feststellten. Allerdings ist zu bemerken, dass
in der Studie lediglich die subjektiv empfundene Partizipation erhoben wurde.
Dieser unerwartete Befund kann demnach auch methodische Ursachen haben.
So wurden die Betroffenen lediglich nach einer subjektiven Einschätzung
gefragt, ob sie sich am Einführungsprozess beteiligt fühlten. Zur Erfassung der
Partizipation scheint, im Hinblick auf die weitere Forschung, der Einsatz einer
in der Arbeits- und Organisationspsychologie bewährten Skala (vgl. v.
Rosenstiel, 2000) als sinnvoll.

Dagegen steht die Betreuung wiederum in einem systematischen Zusammenhang mit der Einstellungsakzeptanz. Somit geht ein subjektiv hoch empfundenes Maß an Betreuung mit einer hohen Einstellungsakzeptanz einher. Die große Mehrheit der Teilnehmer fühlte sich gut betreut. Hier kann ebenfalls aufgrund bisheriger Befunde und Erkenntnisse der Implementationsforschung (vgl. Rosenberg, 2001) festgehalten werden, dass Anhaltspunkte dafür bestehen, dass die Betreuung einen wichtigen Aspekt darstellt, der zur Akzeptanzförderung beiträgt.

Zusammenfassend betrachtet stellen die personalen Maßnahmen Information und Betreuung ebenfalls wichtige Aspekte zur Förderung der Akzeptanz seitens der Mitarbeiter dar. Wenngleich die Variable Partizipation in der vorliegenden Studie keine signifikanten Zusammenhänge lieferte, so ist dies doch, aufgrund der verwendeten Methode, als Ausnahme anzunehmen.

Zusammenhang zwischen den technischen Rahmenbedingungen und der Einstellungsakzeptanz

Bezüglich der technischen Rahmenbedingungen war das Auftreten von technischen Problemen nur marginal mit der Einstellungsakzeptanz korreliert. Eine Ursache hierfür ist, dass während der Bearbeitung der E-Learning-Angebote kaum technische Probleme auftraten und somit auch die Standardabweichung dieser Variable sehr niedrig blieb. Die niedrige Korrelation ist somit mit der Einschränkung des Wertebereichs der Variable technische Probleme zu begründen (vgl. Diehl & Kohr, 1999).

Bei den technischen Rahmenbedingungen war lediglich die Bedienbarkeit für die Einstellungsakzeptanz von Bedeutung. Eine leicht und übersichtlich empfundene Bedienbarkeit ging mit einer hohen Einstellungsakzeptanz einher. Wie erwartet erscheint es somit wichtig, die technische Bedienbarkeit des E-Learning-Systems zu berücksichtigen, um die Einstellungsakzeptanz zu sichern. Dieser Befund bestätigt die theoretischen und empirischen Erkenntnisse der Akzeptanzforschung (Davis, 1989; Venkatesh & Davis, 2000), die die Bedienbarkeit als einen wichtigen Faktor zur Akzeptanzförderung benennen.

Die Ergebnisse der vorliegenden Studie liefern bezüglich der technischen Rahmenbedingungen zusammenfassend betrachtet erste Anhaltspunkte dafür, dass der technischen Bedienbarkeit eine Bedeutung zur Förderung der Akzeptanz zukommt. Der Zusammenhang zwischen den technischen Problemen und der Einstellungsakzeptanz fiel aufgrund der kaum, respektive nicht vorkommenden technischen Probleme nur sehr gering aus. Aus diesem Grund erscheint es sinnvoll die Bedeutung von technischen Problemen in zukünftigen Studien erneut zu untersuchen. Eine Möglichkeit hierfür stellt die experimentelle Variation der Variable technische Probleme dar.

Interkorrelationen der erhobenen Aspekte

Um die bivariaten Korrelationen der personalen und organisationalen Maßnahmen sowie der technischen Rahmenbedingungen mit der Einstellungsakzeptanz exakter interpretieren zu können, wurden die Interkorrelationen zwischen den einzelnen Faktoren berechnet.

Weitere Auswertungen der Daten ergaben eine hohe Interkorrelation zwischen den einzelnen erhobenen Aspekten. Dieser Befund spricht dafür, dass die untersuchten Aspekte nicht getrennt voneinander betrachtet werden können und somit einen gemeinsamen Zusammenhang mit der Einstellungsakzeptanz aufweisen.

Es zeigte sich, dass vor allem eine organisationale Maßnahme, die „job relevance", sehr hoch mit den personalen Variablen Freiräume, Information und Betreuung sowie der technischen Bedienbarkeit korrelierte. Dieses Ergebnis lässt darauf schließen, dass gerade die „job relevance" in Abhängigkeit von den soeben erwähnten Variablen von großer Wichtigkeit für den Mitarbeiter ist. Gerade der Information scheint hier die Bedeutung zuzukommen, den Mitarbeiter nicht nur über die neue E-Learning-Maßnahme zu informieren, sondern darüber hinaus auch gleichzeitig die „job relevance" aufzuzeigen. Dies wiederum lässt vermuten, dass ein besser informierter Mitarbeiter gerade aufgrund dieses Mehr an Informationen auch die Relevanz für sein Arbeitsfeld, die „job relevance", erkennen und bewerten kann. Eine hohe Einschätzung der „job relevance" ging mit einer hohen Einschätzung der Information einher. Ebenso sieht Tarlatt (2001) in der Information der Mitarbeiter eine Möglichkeit, die „job relevance" für den Arbeitsalltag deutlich zu machen. Eine bessere Information bereits im Implementationsprozess könnte ebenso die technische Bedienung von E-Learning erleichtern, da die Auseinandersetzung in gänzlich anderer und intensiverer Weise erfolgt. Zugleich könnte der Betreuung eine solche verstärkende Aufgabe, respektive Funktion, wenn auch vielleicht unbewusst und indirekt, zukommen. Eine hohe Einschätzung der „job relevance" ging ebenso mit einer hohen Einschätzung der Betreuung einher.

Ein weiteres Ergebnis der Interkorrelation ergab, dass die organisationale Maßnahme Freiräume hoch mit der personalen Maßnahme Information und mittel mit der personalen Maßnahme Betreuung korreliert. Auch hier liegt die Vermutung nahe, dass der Information die bereits erwähnte Zusatzfunktion zukommt, etwa über die bestehenden Freiräume zu informieren. Ein ungestörtes Arbeiten mit der neuen E-Learning-Maßnahme, eben durch die zur Verfügung gestellten Freiräume ermöglicht, lässt die Betreuung vielleicht in anderer Weise erscheinen, da auch mit ihr, der Betreuung, eine andere Auseinandersetzung erfolgen kann.

Es zeigte sich des Weiteren, dass die personalen Maßnahmen Partizipation und Information auf mittlerem Niveau miteinander korrelierten. Die Vermutung liegt auch hier nahe, dass ausreichende und ausführliche Information das Gefühl vermittelt, nicht nur informiert, sondern auch in Entscheidungsprozesse miteinbezogen zu werden. Dieser Befund lässt auch vermuten, dass Partizipation, selbst nicht assoziiert mit der Einstellungsakzeptanz, durch den Zusammenhang mit der Information indirekt auch in einem Zusammenhang mit der Einstellungsakzeptanz steht und somit von Bedeutung für die Akzeptanzförderung ist (vgl. auch Tarlatt, 2001). Zudem zeigte sich, dass die Information hoch mit der Betreuung und der technischen Bedienbarkeit korreliert. Mögliche Ursachen hierfür, wie oben bereits erwähnt, könnten in der Zusatzfunktion der Information liegen. Ebenso ist die personale Maßnahme der Betreuung hoch mit der technischen Bedienbarkeit assoziiert. Eine hohe Einschätzung der Betreuung geht demnach mit einer hohen Einschätzung der Bedienbarkeit einher. Dieser Befund lässt nun vermuten, dass mit ausreichender Betreuung auch die Bedienung der E-Learning-Maßnahmen leichter fällt und sich somit gemeinsam positiv auf die Akzeptanz auswirkt.

Schließlich lässt auch der hohe positive Zusammenhang zwischen den technischen Rahmenbedingungen, technische Probleme und technische Bedienbarkeit, vermuten, dass eventuell auftretende technische Probleme, welche in der vorliegenden Studie ausblieben, die Einschätzung der Bedienbarkeit zusammenhängen. Dies gilt ebenso im negativen Sinne. Die hohe Assoziation der technischen Bedienbarkeit mit der „job relevance", der Information und der Betreuung wurde oben bereits erwähnt und interpretiert.

Zusammenfassend ist hinsichtlich der Befunde aus den Interkorrelationen festzuhalten, dass die organisationalen, personalen und technischen Variablen nicht einzeln betrachtet werden dürfen, sondern auf ihr Zusammenspiel geachtet werden muss.

Aufgrund der durchgeführten Berechnungen ist allerdings insgesamt keine bestimmte Aussage über die Richtung der Interkorrelationen möglich. Regressions- oder pfadanalytische Berechnungen, die Antworten auf diese Fragen liefern könnten, sind aufgrund der geringen Stichprobe nicht zulässig (Bortz, 1999).

8.4.2 Zusammenhang zwischen der Einstellungsakzeptanz und der Verhaltensakzeptanz

Hinsichtlich der Frage nach dem Zusammenhang zwischen der Einstellungsakzeptanz und der Verhaltensakzeptanz ergaben sich folgende Befunde: Die Einstellungsakzeptanz korrelierte signifikant mit der Verhaltensakzeptanz. Dieser Befund liefert erste Anhaltspunkte über die Bedeutung der Einstellungsakzeptanz für die Verhaltensakzeptanz. Allerdings fiel in der vorliegenden Studie der Zusammenhang der beiden Variablen geringer aus als in bisherigen Studien der Akzeptanzforschung (vgl. Venkatesh & Davis, 2000). Ein Grund hierfür ist möglicherweise darin zu sehen, dass die Verhaltensakzeptanz lediglich durch die subjektive Einschätzung der momentanen Nutzung erhoben wurde. Eine Erhebung der tatsächlichen Nutzung konnte aus Datenschutzgründen seitens des Unternehmens nicht durchgeführt werden. Außerdem wurde in dieser Studie der direkte Zusammenhang zwischen der Verhaltensakzeptanz und den erhobenen Aspekte der personalen und organisationalen Maßnahmen sowie den technischen Rahmenbedingungen überprüft. Dies bestätigte die Annahme, dass kein direkter Zusammenhang dieser Variablen mit der Verhaltensakzeptanz besteht. Dies wiederum spricht für den indirekten Zusammenhang dieser Variablen, mediiert durch die Einstellungsakzeptanz (vgl. auch Davis, 1989; Venkatesh, 2000; Venkatesh & Davis, 2000). In Hinblick auf die Implementation einer E-Learning-Maßnahme bleibt demnach festzuhalten, dass die vorliegenden Befunde darauf hinweisen, dass die Förderung der Nutzung (Verhaltensakzeptanz) wesentlich von der Förderung der Einstellungsakzeptanz abhängt (vgl. Simon, 2001). Die Einstellungsakzeptanz wiederum kann durch die oben dargestellten Aspekte gefördert, respektive gesichert werden.

8.4.3 Methodische Konsequenzen

Für die weitere Untersuchung der Akzeptanz von E-Learning sollten folgende methodische Aspekte beachtet werden.

Die Ergebnisse geben erste Anhaltspunkte über den Zusammenhang zwischen den Rahmenbedingungen der Implementation und der Einstellungs- sowie indirekt der Verhaltensakzeptanz. Allerdings ist in diesem Zusammenhang anzumerken, dass die Stichprobe dieser Studie sehr klein war. Weitere Untersuchungen sollten mit einer ausreichend großen Stichprobe durchgeführt werden, damit regressions- und pfadanalytische Methoden angewendet werden können und somit eine detailliertere Interpretation der Wirkungsweisen der einzelnen Variablen ermöglicht wird. Damit könnte ebenso die Richtung der sich aus den Interkorrelationen ergebenden Zusammenhänge aufgeklärt werden.

Ein weitere Möglichkeit zur Überprüfung der Kausalität der Zusammenhänge bestünde in der experimentellen Variation ausgewählter Aspekte unter kontrollierten Bedingungen. So wäre es sinnvoll, Aspekte wie z.B. die Information, die Partizipation oder die technischen Probleme experimentell zu variieren und unter Berücksichtigung möglicher Störfaktoren Unterschiede zwischen den einzelnen Gruppen in der Einstellungsakzeptanz zu untersuchen (vgl. Bortz, 1999; Diehl & Kohr, 1999).

Die Verhaltensakzeptanz sollte, sofern möglich, als tatsächliche Nutzung der E-Learning-Angebote erhoben werden, um weitere Aussagen treffen zu können.

Die Skala zur Messung der Einstellungsakzeptanz nach Venkatesh und Davis (2000) hat sich in der vorliegenden Studie bewährt.

Relevant ist ebenso der Zeitpunkt, zu dem die Einstellungs- und Verhaltensakzeptanz erhoben wurde. Da sich der Nutzen einer Innovation durch mehrmalige Nutzung verändert, scheint eine Unterscheidung zwischen Erst- und Folgenutzung in künftigen Untersuchungen sinnvoll (Simon, 2001). Weiterhin erscheint eine Berücksichtigung von Rückkopplungseffekten zwischen Erst- und Folgenutzung für weitere Studien auf diesem Gebiet angebracht (Simon, 2001).

8.4.4 Konsequenzen für die weitere Forschung

In Hinblick auf die künftige Forschung wäre eine Betrachtung zusätzlicher Aspekte der institutionellen Rahmenbedingungen sinnvoll. So wurde beispielsweise die Qualifizierung der Mitarbeiter (vgl. Reiß, 1997) als weitere personale Maßnahme nicht erhoben.

Mit Rücksicht auf das Unternehmen wurde überdies die Unterstützung durch die Geschäftsleitung nicht als weitere organisationale Maßnahme erfasst. Bisherige Befunde und theoretische Erkenntnisse aus der Akzeptanz- und Implementationsforschung (Back et al., 2001; Schmidkonz, 2002; Tarlatt, 2001; Venkatesh & Davis, 2000) verweisen auf signifikante Zusammenhänge zwischen der Unterstützung durch die Geschäftsleitung und der Einstellungsakzeptanz.

In zukünftigen Forschungen sollten aber auch in der Organisation existierende Werte und Normen als Aspekte der Akzeptanzförderung untersucht werden. Diese können die Verwendung einer E-Learning-Maßnahme nachhaltig beeinflussen (vgl. Simon, 2001). Erste Ergebnisse hierzu lieferten Venkatesh und Davis (2000). Sie konnten nachweisen, dass sich die soziale Norm auf die Akzeptanz eines informationstechnischen Systems auswirkt und integrierten sie daher in das TAM II-Modell.

8.4.5 Konsequenzen für die Praxis

Die vorliegende Studie liefert erste Hinweise für die Wichtigkeit sowohl organisationaler und personaler Maßnahmen als auch der Berücksichtigung der technischen Rahmenbedingung zur Förderung der Akzeptanz bei der Implementation von E-Learning in Unternehmen.

Was bedeuten nun diese Ergebnisse für die Planung eines Implementaionsvorhabens von E-Learning?

Als ein wichtiger Aspekt zur Akzeptanzförderung stellte sich die „job relevance" heraus. Wie in Kapitel 4 bereits erwähnt stellt eine wichtige Maßnahme zur Umsetzung der „job relevance" eine Bedarfserhebung zu Beginn des Implementationsprozesses unter Berücksichtigung der Wünsche und Bedürfnisse der Mitarbeiter dar (Tarlatt, 2001; Back et al., 2001; Rosenberg, 2001). Diese Maßnahme wurde in dem der Untersuchung zugrundeliegenden Pharmaunternehmen durchgeführt und berücksichtigt. Weitere Möglichkeiten der Sicherung der „job relevance" ist die Formulierung von Zielen und Visionen, die mit der Implementation von E-Learning verfolgt werden, auf der Basis der Ergebnisse der Bedarfsanalyse. Diese Ziele und Visionen können im Rahmen eines Workshops den Mitarbeitern vorgestellt werden (vgl. Kraemer & Sprenger, 2003).

Eng verbunden mit der „job relevance" ist die kontinuierliche Information der Beteiligten in Form von Newslettern, Informationsveranstaltungen, Hauszeitungen oder regelmäßigen Arbeitsgruppentreffen (vgl. Reiß, 1997; Frese, 2000; v. Rosenstiel, 2000). Die Information stellte sich in dieser Studie als ein weiterer wichtiger Faktor zur Förderung der Akzeptanz heraus.

Auf organisationaler Ebene ist bereits in der Planungsphase der Implementation zu überlegen, inwieweit den Mitarbeitern Freiräume zur Verfügung gestellt werden, um sich mit den E-Learning-Angeboten auseinanderzusetzen (vgl. Back & Bursian, 2003). Die Verfügung von Freiräumen stellte sich in dieser Studie als ein weiterer wichtiger Faktor zur Integration von E-Learning in die Arbeitsprozesse und zur Förderung der Akzeptanz heraus.

In Hinblick auf die technischen Rahmenbedingungen ist darauf zu achten, dass die E-Learning-Angebote die Richtlinien der Usability erfüllen und somit für die Mitarbeiter einfach zu bedienen sind. Dieser Aspekt ist relevant, um die Einstellungsakzeptanz und indirekt die Verhaltensakzeptanz zu sichern.

Zusammenfassend legt diese Studie eine Implementation unter besonderer Berücksichtigung der Mitarbeiter nahe, um die Benutzerakzeptanz (sowohl Einstellungs- als auch Verhaltensakzeptanz) zu sichern.

Kapitel 9
Studie 2: Einfluss von Merkmalen des Individuums und der Lernumgebung

In Kapitel 9 wird eine Pilotstudie zum Einfluss der in Kapitel 5 und 6 dargestellten Merkmale des Individuums und Merkmale der Lernumgebung auf die Akzeptanz geschildert. Diese Untersuchung wurde in einem Pharmaunternehmen, das E-Learning in die Weiterbildungslandschaft implementiert hat, durchgeführt. Gegenstand der Untersuchung ist ein Web-Based-Training zu einem neuen Produkt der Firma, das auf der Basis der didaktischen Gestaltungskriterien des problemorientierten Lernens entwickelt wurde. Hinsichtlich der Merkmale des Individuums und der Merkmale der Lernumgebung ergeben sich folgende Untersuchungsfragen.

9.1 Untersuchungsfragen

Zusammenhang zwischen den Merkmalen des Individuums und der Einstellungsakzeptanz

(1) Inwieweit besteht ein Zusammenhang zwischen den erhobenen Personenmerkmalen und der Einstellungsakzeptanz?

Ausgehend von den zu Beginn der Arbeit dargestellten Erkenntnissen und Befunden zu den Lernermerkmalen wird ein positiver Zusammenhang zwischen den Lernermerkmalen und der Einstellungsakzeptanz angenommen.

Zusammenhang zwischen „Merkmalen der Lernumgebung" und der Einstellungsakzeptanz

(2) Inwieweit besteht ein Zusammenhang zwischen der Einschätzung der didaktischen und medialen Gestaltung der Lernumgebung durch die Teilnehmer und der Einstellungs- und Verhaltensakzeptanz?

Neben den Merkmalen des Individuums wird, wie in der vorliegenden Arbeit bereits ausgeführt, ebenso ein positiver Zusammenhang zwischen den Merkmalen der Lernumgebung und der Einstellungsakzeptanz vermutet.

Zusammenhang zwischen der Einstellungs- und der Verhaltensakzeptanz

(3) Inwieweit besteht ein Zusammenhang zwischen Einstellungs- und Verhaltensakzeptanz?

Nachdem der Zusammenhang der erhobenen Aspekte mit der Einstellungsakzeptanz geklärt wurde, ist nun der Zusammenhang zwischen Einstellungs- und Verhaltensakzeptanz von Interesse. Aufgrund der in Kapitel 3 dargestellten theoretischen Modelle (Davis, 1989; Venkatesh & Davis, 2000) und der theoretischen Erkenntnisse aus der Einstellungs- und Verhaltensforschung (vgl. Ajzen & Fishbein, 2000) wird von einem positiven Zusammenhang zwischen beiden Variablen ausgegangen. Diese Annahme wurde zudem durch Venkatesh (2000) empirisch nachgewiesen.

9.2 Methode

9.2.1 Untersuchungsteilnehmer

Die Untersuchung wurde mit einer Pilotgruppe durchgeführt, die aus 12 Außendienstmitarbeitern der Pharmafirma bestand. Diese nahmen zum ersten Mal an einer Produktschulung via E-Learning teil. Die Teilnahme an der begleitenden Untersuchung war freiwillig. Den Versuchspersonen wurde versichert, dass ihre Daten vertraulich behandelt, nicht der Geschäftsleitung zugänglich gemacht und nur zum Zweck der Evaluation verwendet würden.

9.2.2 E-Learning-Umgebung

Die E-Learning-Umgebung der zweiten Studie stellte das in Kapitel 7.2 vorgestellte WBT dar.

9.2.3 Untersuchungsdesign

Bei der vorliegenden Untersuchung handelt es sich um ein Einzelgruppen Prä-Post-Test-Design (Shadish, Cook & Campell, 2002). Die Teilnehmer der Studie wurden zu zwei Messzeitpunkten befragt. Vor der Bearbeitung des WBTs erhielten die Probanden einen Fragebogen, der die Aspekte wie Sicherheit im Umgang mit Computern, Allgemeine Selbstwirksamkeitserwartungen, Ambiguitätstoleranz und Einstellungen zum Computer enthielt.
Im zweiten Fragebogen, nach der zweiwöchigen Bearbeitung des Lernprogramms, wurden die Teilnehmer der Studie zum subjektiven Lernerfolg, zu den didaktischen und medialen Gestaltungskriterien befragt.
Darüber hinaus wurden die Einstellungs- und Verhaltensakzeptanz für das WBT erhoben.

9.2.4 Instrumente

Zur Erhebung wurden, wie bereits erwähnt, zwei Fragebögen entwickelt, die geschlossene Fragen zu den nachfolgend erläuterten Dimensionen enthalten.

Verhaltensakzeptanz

Als Indikator für Verhaltensakzeptanz wurden die Teilnehmer gefragt, wie viele Minuten sie die E-Learning-Angebote freiwillig wöchentlich nutzen.

Einstellungsakzeptanz

Einstellungsakzeptanz wurde in Anlehnung an Venkatesh und Davis (2000) operationalisiert. Die siebenstufige Skala bestand aus sechs Items (z.B. „Ich werde die E-Learning-Angebote in Zukunft für den Austausch mit Kollegen nutzen"). Die Reliabilität betrug .91 (Cronbachs Alpha).

Merkmale des Individuums

Kognitive Merkmale

Sicherheit im Umgang mit dem Computer. Zur Erfassung der Sicherheit im Umgang mit dem Computer wurden Items der Selbsteinschätzungsskala zur Sicherheit im Umgang mit dem Computer (SUCA) von Naumann & Richter (1999) eingesetzt. Die Skala wurde im ersten Fragebogen erhoben und bestand aus vier Items (z. B. „Die Verwendung unbekannter Software-Programme kann ich schnell erlernen."). Die Reliabilität lag bei .72 (Cronbachs Alpha).

Allgemeine Selbstwirksamkeitserwartungen. Die Allgemeinen Selbstwirksamkeitserwartungen wurden in Anlehnung an die Selbstwirksamkeits-Skala von Jerusalem und Schwarzer (1999) erhoben. Die Skala bestand aus fünf Items (z. B. „Wenn ich mit einer neuen Sache konfrontiert werde, weiß ich, wie ich damit umgehen kann."). Die Reliabilität der Skala betrug .67 (Cronbachs Alpha).

Subjektiver Lernerfolg. Die Skala zur Erfassung des subjektiven Lernerfolgs (Kopp, Dvorak & Mandl, 2003) umfasst insgesamt vier Items (z. B. „Mir wurde klar, in welchen praktischen Situationen ich das neu erworbene Wissen verwenden kann."). Der Cronbachs Alpha lag bei .71.

Motivational-emotionale Merkmale

Intrinsische Motivation. Die Skala intrinsische Motivation bestand aus sechs Items (z. B. „Ich finde die Auseinandersetzung mit Fragen des Fallbasierten Zugangs spannend."). Die Reliabilität betrug .93 (Cronbachs Alpha).

Computerbezogene Einstellung. Die Skala zur Erfassung computerbezogener Einstellungen (Naumann & Richter, 1999; Richter, Naumann & Groeben, 1999) bestand aus sechs Items (z. B. „Es gibt viele Arbeiten, die ich mit dem Computer leichter und schneller verrichten kann als ohne."). Die Reliabilität der Skala betrug .75 (Cronbachs Alpha).

Ambiguitätstoleranz. Die Skala bestand aus sechs Items (z. B. „Mit Arbeitsaufträgen, deren Lösungsvorgehen nicht vorgegeben ist, zu arbeiten fällt mir schwer.") und wurde im ersten Fragebogen erhoben. Die Reliabilität lag bei .72 (Cronbachs Alpha).

Merkmale der Lernumgebung

Didaktische Gestaltung

Authentizität und Situiertheit. Die Skala Einschätzung der Authentizität und Situiertheit des Web-Based-Training bestand aus fünf Items (z. B. „Die Fragen des Arztes könnten auch bei einem meiner Beratungsgespräche auftreten."). Die Reliabilität betrug .86 (Cronbachs Alpha).

Instruktionale Unterstützung. Die Skala instruktionale Unterstützung bestand aus vier Items (z. B. „ Mir wurde verständlich vermittelt, wie ich einzelne Aufgaben lösen kann."). Die Reliabilität der Skala betrug .83 (Cronbachs Alpha).

Selbststeuerung. Die Skala zur Erfassung der Selbststeuerung umfasste sechs Items (z. B. „ Die Möglichkeiten, die Lerngeschwindigkeit ausreichend an meine individuellen Bedürfnisse anzupassen, sind gegeben."). Die Reliabilität lag bei .78 (Cronbachs Alpha).

Mediale Gestaltung

Verständlichkeit der Medien. Die Verständlichkeit der Medien wurde entsprechend der Skala von Kopp, Dvorak und Mandl (2003) erhoben. Die Skala bestand aus sieben Items (z. B. „Text und Bilder sind aufeinander bezogen."). Die Reliabilität der Skala betrug .72 (Cronbachs Alpha).

Wirkung der Medien. Die Wirkung der Medien wurde entsprechend der Skala von Kopp, Dvorak und Mandl (2003) erhoben. Die Skala umfasste fünf Items (z. B. „Die mediale Aufbereitung der Inhalte hat geholfen, Zusammenhänge besser zu verstehen."). Die Reliabilität betrug .86 (Cronbachs Alpha).

9.3 Ergebnisse

Aufgrund der geringen Stichprobe (N= 12) wurde in einem ersten Schritt die Normalverteilung der Daten überprüft. Der Kolmogoroff-Smirnov-Test (Bortz & Döring, 2002) ergab keine signifikante Abweichung der erhobenen Variablen von der Normalverteilung. Aus diesem Grund wurde für die Berechnung der Zusammenhänge die Pearson-Produkt-Moment-Korrelation verwendet.

Deskriptive Auswertung

Um einen Überblick über die Ausprägungen der Werte in den untersuchten Aspekten zu erhalten, erfolgt nun eine Beschreibung der deskriptiven Auswertung der Daten.

Merkmale des Individuums

Die Mittelwerte der Einschätzung der personalen Maßnahmen waren von mittlerer bis hoher Ausprägung.

Die befragten Personen wiesen in der Skala „Selbstwirksamkeitserwartungen" einen Mittelwert von 4.80 (*Theoretisches Maximum* = 6; *SD* = 0.59) auf. Das Minimum betrug 3.20, das Maximum 5.20. Der Median lag bei 5.00, was zeigt, dass nahezu alle Teilnehmer überwiegend hohe Werte aufwiesen.

Der Mittelwert der Variable „Sicherheit im Umgang mit dem Computer" war mit einem Wert von *M* = 5.32 (*Theoretisches Maximum* = 6; *SD* = 0.62) höher als der der Variable „Allgemeinen Selbstwirksamkeitserwartungen". Das Minimum lag bei 4.25, das Maximum bei 6.00. Der Median betrug 5.25. Auch hier bleibt festzuhalten, dass alle Befragten ihre „Sicherheit im Umgang mit dem Computer" als überwiegend hoch oder hoch einschätzten.

Wie bei der Variable Allgemeine Selbstwirksamkeitserwartungen lag auch der Median des subjektiven Lernerfolgs bei 5.00. Allerdings fiel der Mittelwert M = 4.96 (*Theoretisches Maximum* = 6; *SD* = 0.56) marginal höher aus. Das Minimum der Skala „subjektiver Lernerfolg" betrug 4.25 (*Theoretisches Maximum* = 6; *SD* = 0.56), das Maximum lag bei 6.00. Die Personen gaben somit durchweg an, durch die Bearbeitung der E-Learning-Umgebung etwas dazu gelernt zu haben.

Die intrinsische Motivation war bei einem Mittelwert von 5.23 (*Theoretisches Maximum* = 6; *SD* = 0.95) ebenfalls hoch ausgeprägt. Das Minimum lag bei 2.67, das Maximum bei 6.00. Der Median betrug 5.25. Die intrinsische Motivation, mit dem Web-Based-Training zu lernen, kann somit bei nahezu allen Teilnehmer als überwiegend hoch oder hoch angesehen werden.

Der Mittelwert der Skala „Computerbezogene Einstellungen" lag bei 5.08 (*Theoretisches Maximum* = 6; *SD* = 0.56) im oberen Bereich. Der niedrigste Wert betrug 4.33, der höchste 6.00. Der Median lag bei 5.17.

Im Vergleich zu den anderen erhobenen Merkmalen des Individuums fiel der Mittelwert der Skala „Ambiguitätstoleranz" (*M* = 4.33; *SD* = 0.62; *Theoretisches Maximum* = 6) niedriger aus. Das Minimum betrug 3.67, das Maximum 5.33. Der Median der Skala lag bei 4.50. Es kann somit festgehalten werden, dass die Werte in der Variable „Ambiguitätstoleranz" zwar niedriger ausfielen als die anderen Lernermerkmale, die Werte aber trotzdem im mittleren bis hohen Bereich lagen.

In Tabelle 6 sind die Mittelwerte und Standardabweichungen noch einmal im Überblick dargestellt.

Tabelle 6: Deskriptive Statistik der kognitiven und motivational-emotionalen Merkmale des Individuums (Mittelwert und Standardabweichung)

	M	*SD*
Kognitive Faktoren		
Selbstwirksamkeit	4.80	0.59
Sicherheit im Umgang mit dem Computer	5.32	0.62
Subjektiver Lernerfolg	4.96	0.56
Motivational-emotionale Faktoren		
intrinsische Motivation	5.11	0.95
Computerbezogene Einstellungen	5.08	0.56
Ambiguitätstoleranz	4.33	0.62

Anmerkung: Wertebereich von 1 = niedrig bis 6 = hoch

Merkmale der Lernumgebung

Hinsichtlich der Einschätzung der didaktischen und medialen Gestaltung waren die Werte der Stichprobe mittel bis hoch ausgeprägt. Die Teilnehmer schätzten Authentizität und Situiertheit als ein Indikator für die didaktische Gestaltung überwiegend positiv ein (M = 4.68; SD = 0.84; *Theoretisches Maximum* = 6). Der niedrigste Wert lag bei 3.00, der höchste Wert bei 6.00. Der Median betrug 4.80.

Ähnlich wie die Authentizität wurde die instruktionale Unterstützung von den Befragten recht positiv beurteilt (M = 4.69; SD = 0.72; *Theoretisches Maximum* = 6). Das Minimum betrug 3.00 und das Maximum 5.50. Der Median lag bei 5.00. Es bleibt hier festzuhalten, dass 50% der Teilnehmer die instruktionale Unterstützung sehr hoch und 50% der Befragten die instruktionale Unterstützung als überwiegend hoch einschätzten.

Die Möglichkeiten zur Selbststeuerung wurde von den Befragten ebenfalls recht hoch eingeschätzt (M = 4.92; SD = 0.72; *Theoretisches Maximum* = 6). Der Median lag bei 4.88. Das Minimum betrug 4.00 und das Maximum 6.00.

Auch die Einschätzung der medialen Gestaltung fiel – insgesamt gesehen – hoch aus. Der Mittelwert der Variable „Verständlichkeit der Medien" betrug 5.14 (SD = 0.52; *Theoretisches Maximum* = 6). Der Median lag bei 5.00. Der niedrigste Wert war 4.57,der höchste lag bei 6.00.

Tabelle 7: Deskriptive Statistik der Einschätzung der didaktischen und medialen Gestaltung (Mittelwerte und Standardabweichungen)

	M	SD
Didaktische Gestaltung		
Authentizität und Situiertheit	4.68	0.84
instruktionale Unterstützung	4.69	0.72
Selbststeuerung	4.92	0.72
Mediale Gestaltung		
Verständlichkeit der Medien	5.14	0.52
Wirkung der Medien	4.75	0.87

Anmerkung: Wertebereich von 1= niedrig bis 6 = hoch

Die Wirkung der Medien wurde ebenfalls von den Teilnehmer als überwiegend hoch eingeschätzt ($M = 4{,}75$, $SD = 0.87$; *Theoretisches Maximum* = 6). Der Median betrug 4.60. Der niedrigste Wert lag bei 2.6, der höchste bei 5.60.

Einstellungs- und Verhaltensakzeptanz

Die Einstellungsakzeptanz war in der Stichprobe bei einem Mittelwert von 5.50 ($SD = 0.94$; *Theoretisches Maximum* = 7) ebenfalls hoch ausgeprägt. Der Median lag bei 5.64, der niedrigste Wert betrug 2.29, der höchste 6.85. Somit bleibt festzuhalten, dass die Teilnehmer überwiegend eine positive Einstellung gegenüber der Nutzung der E-Learning-Angebote aufwiesen.

Die E-Learning-Angebote wurden von den Befragten durchschnittlich 50 Minuten wöchentlich genutzt ($SD = 26.63$). Maximale Nutzungszeit war 2 Stunden (120 Minuten), minimale Nutzungszeit eine halbe Stunde (30 Minuten) wöchentlich. Der Median lag bei 45 Minuten. Da, analog zu Studie 1, in dieser Untersuchung die freiwillige Nutzungszeit erhoben wurde, kann festgehalten werden, dass die Nutzungszeit überwiegend recht hoch ausfiel.

Zusammenhang zwischen Merkmalen des Individuums und der Einstellungsakzeptanz

Hinsichtlich der bivariaten Betrachtung des Zusammenhangs zwischen den kognitiven Faktoren und der Einstellungsakzeptanz ergab sich ein heterogenes Bild. Lediglich die kognitive Prozessvariable „subjektiver Lernerfolg" war signifikant ($r = .60$; $p < .05$) mit der Einstellungsakzeptanz korreliert. Eine hohe Einschätzung des subjektiven Lernerfolgs ging somit mit einer hohen Einstellungsakzeptanz einher. Ein durchaus überraschender Befund ist die Tatsache, dass die allgemeinen Selbstwirksamkeitserwartungen nahezu nicht mit der Einstellungsakzeptanz assoziiert war. Auch die Sicherheit im Umgang mit dem Computer war lediglich schwach negativ ($r = -.24$; *n.s.*) mit der Einstellungsakzeptanz assoziiert. Zusammenfassend bleibt somit festzuhalten, dass bei den kognitiven Faktoren lediglich der subjektive Lernerfolg einen statistisch bedeutsamen Zusammenhang mit der Einstellungsakzeptanz aufwies.

Hinsichtlich der motivational-emotionalen Faktoren war lediglich die intrinsische Motivation hoch signifikant positiv mit der Einstellungsakzeptanz korreliert ($r = .87$; $p < .01$). Eine hohe intrinsische Motivation ging somit mit einer hohen Einstellungsakzeptanz einher. Die computerbezogenen Einstellungen waren in mittlere Höhe positiv ($r = .33$; *n.s.*) mit der Einstellungsakzeptanz assoziiert. Der Zusammenhang war nicht signifikant. Die Ambiguitätstoleranz war nahezu überhaupt nicht mit der Einstellungsakzeptanz assoziiert ($r = -.09$; *n.s.*). Somit bleibt festzuhalten, dass bezüglich der motivational-emotionalen Variablen lediglich ein Zusammenhang zwischen der intrinsischen Motivation und der Einstellungsakzeptanz zu beobachten war (Tabelle 8)

Tabelle 8: Bivariate Korrelationen zwischen Lernermerkmalen und der Einstellungsakzeptanz (N = 12)

Merkmale des Individuums	Einstellungsakzeptanz
Kognitive Faktoren	
Allgemeine Selbstwirksamkeitserwartungen	-.02
Sicherheit im Umgang mit dem Computer	-.24
Subjektiver Lernerfolg	.60*
Motivational-emotionale Faktoren	
Intrinsische Motivation	.87**
Computerbezogene Einstellungen	.33
Ambiguitätstoleranz	.09

Anmerkungen: ** p < .01; * p < .05 (zweiseitige Signifikanzprüfung)

Zusammenhang zwischen den Merkmalen der Lernumgebung und der Einstellungsakzeptanz

Bei den Aspekten der Merkmale der Lernumgebung ergab sich bei bivariater Betrachtung der Variablen der didaktischen Gestaltung ein eindeutigeres Bild. Die Einschätzung der Authentizität und Situiertheit der Lernumgebung korrelierte hoch signifikant mit der Einstellungsakzeptanz ($r = .78$; $p > 0.01$). Ein hoher Wert in der Einschätzung der Authentizität und Situiertheit ging somit mit einem hohen Wert in der Einstellungsakzeptanz einher. Zudem war die Einschätzung der Selbststeuerung hoch mit der Einstellungsakzeptanz assoziiert ($r = .78$; $p < .01$). Allerdings erwies sich die Einschätzung der instruktionalen Unterstützung als nahezu unabhängig von der Einstellungsakzeptanz.

Hinsichtlich der Betrachtung des Zusammenhangs zwischen den medialen Gestaltungskriterien mit der Einstellungsakzeptanz erwies sich die Verständlichkeit der Medien als nicht signifikant mit der Einstellungsakzeptanz korreliert. Zugleich korrelierte die Wirkung der Medien hoch signifikant mit der Einstellungsakzeptanz ($r = .91$, $p < .01$).

Tabelle 9: Bivariate Korrelation der Variablen der medialen Gestaltung mit der Einstellungs-akzeptanz (N = 12).

	Einstellungsakzeptanz
Verständlichkeit der Medien	.30
Wirkung der Medien	.91**

Anmerkung: ** p < .01 (zweiseitige Signifikanzprüfung).

Interkorrelation zwischen Lernermerkmalen und Merkmalen der Lernumgebung

Zur Interpretation der Zusammenhänge zwischen den Lernermerkmale bzw. zwischen den Merkmalen der Lernumgebung und der Einstellungsakzeptanz wurde in einem nächsten Schritt die Interkorrelationen zwischen den einzelnen Aspekten untersucht (Tabelle 10).

Tabelle 10: Interkorrelationen der einzelnen Lernermerkmale und Merkmale der Lernumgebung

		Authentizität und Situiertheit	Instruktionale Unterstützung	Selbst-steuerung	Verständlichkeit der Medien	Wirkung der Medien
(1)	Allgemeine Selbstwirksamkeitserwartungen	-.01	.05	-.04	-.42	-.05
(2)	Sicherheit im Umgang mit dem Computer	-.28	.15	.20	.15	-.11
(3)	Lernerfolg	.46	.04	.39	.36	.66*
(4)	intrinsische Motivation	.46	.19	.75**	.64*	.81**
(5)	Computerbezogene Einstellungen	.17	.36	.66*	.72*	.41
(6)	Ambiguitätstoleranz	-.44	-.44	-.24	-.42	.06

Anmerkungen: *p<.05; **p<.01 (zweiseitige Signifikanzprüfung)

In diesem Zusammenhang ist festzustellen, dass die intrinsische Motivation hoch mit den Aspekten Selbststeuerung ($r = .75$; $p > .01$), Verständlichkeit der Medien ($r = .72$; $p > .05$) und Wirkung der Medien ($r = .81$; $p > .01$) assoziiert war. Eine hohe intrinsische Motivation ging somit mit einer hohen Einschätzung der Selbststeuerung, der Verständlichkeit der Medien und der Wirkung der Medien einher. Diese Tatsache muss bei der weiteren Interpretation der Zusammenhänge mit der Einstellungsakzeptanz berücksichtigt werden.

Zudem waren die computerbezogenen Einstellungen positiv mit der Einschätzung der Selbststeuerung ($r = .66$; $p < .05$) und der Einschätzung der Verständlichkeit der Medien ($r = 72$; $p < .05$) assoziiert.

Ansonsten ergaben sich keine weiteren signifikanten Zusammenhänge.

Zusammenhang zwischen der Einstellungs- und der Verhaltensakzeptanz

Die Untersuchung des Zusammenhangs zwischen der Einstellungs- und der Verhaltensakzeptanz ergab einen Zusammenhang in mittlerer Höhe ($r = .49$). Bei zweiseitiger Signifikanzprüfung war der Zusammenhang tendenziell signifikant ($p < .1$). Aufgrund der vorher dargestellten theoretischen Erkenntnisse und gerichteten Annahme, dass eine hohe Einstellungsakzeptanz mit einer hohen Verhaltensakzeptanz einhergeht, kann festgehalten werden, dass der Zusammenhang bei einseitiger Signifikanzprüfung als signifikant anzusehen ist. Die zuvor formulierten Annahmen konnten somit bestätigt werden.

Zudem wurde untersucht, inwieweit die erhobenen Aspekte der Lernermerkmale und Merkmale der Lernumgebung direkt mit der Verhaltensakzeptanz assoziiert waren. Die Partialkorrelationen unter Berücksichtigung der Einstellungsakzeptanz ergaben für alle erhobenen Aspekte keinen signifikanten Zusammenhang.

9.4 Diskussion der Ergebnisse der Studie 2

Ziel der vorliegenden Studie war es, Merkmale des Individuums und Merkmale der Lernumgebung zu identifizieren, die einen Einfluss auf die Akzeptanz einer E-Learning-Maßnahme haben. Dadurch sollten erste Anhaltspunkte dafür gefunden werden, wie durch Berücksichtigung von Merkmalen des Individuums und der didaktischen und medialen Gestaltung einer E-Learning-Maßnahme die Akzeptanz der Lerner erhöht werden kann.

Im Folgenden sollen die Ergebnisse der Studie diskutiert und Konsequenzen für weitere Forschungen und für die Gestaltung von E-Learning-Maßnahmen gezogen werden.

9.4.1 Zusammenhang zwischen den Merkmalen des Individuums sowie den Merkmale der Lernumgebung und der Einstellungsakzeptanz

Zusammenhang zwischen kognitiven Merkmalen des Individuums und der Einstellungsakzeptanz

Entgegen der Erwartungen konnte kein signifikanter Zusammenhang zwischen der Einstellungsakzeptanz und der Sicherheit im Umgang mit dem Computer nachgewiesen werden. Dieses Ergebnis überrascht, da neuere Befunde (Venkatesh, 2000) aus der Akzeptanzforschung einen Einfluss von computerbezogenem Vorwissen auf die Akzeptanz von E-Learning nachwiesen. Dies kann zum einen damit begründet werden, dass überwiegend alle befragten Mitarbeiter eine sehr hohe Sicherheit im Umgang mit Computern aufwiesen. Der Umgang mit dem Computer stellt für die Außendienstmitarbeiter des Pharmaunternehmens eine alltägliche Tätigkeit dar. Des Weiteren wurde mit der Skala „Sicherheit im Umgang mit Computern" (Naumann & Richter, 1999) das technische Vorwissen über alltägliche Anwendungen, wie Textverarbeitung, Internet und e-mail abgefragt. Für zukünftige Studien sollte beachtet werden, das technische Vorwissen spezifischer, bezogen auf die technischen Anforderungen der E-Learning-Angebote, zu erheben.

Zwischen der Variable „Allgemeine Selbstwirksamkeitserwartungen" und der Einstellungsakzeptanz konnte wider Erwarten kein signifikanter Zusammenhang nachgewiesen werden. Dies überrascht insofern, als Compeau & Higgins (1995) aufzeigen konnten, dass die Selbstwirksamkeit eine entscheidende Rolle bei der Annahme neuer technologischer Produkte (z.B. Hill, Smith & Mann., 1987) und Innovationen spielt (Burkhardt & Brass, 1990). Ein Grund dafür, dass in der vorliegenden Studie zwischen der Selbstwirksamkeit und der Einstellungsakzeptanz kein positiver Zusammenhang vorliegt, könnte in der Konzeptualisierung des Konstruktes „Allgemeine Selbstwirksamkeitserwartungen" zu finden sein. So wurde in der vorliegenden Studie die Selbstwirksamkeit in Anlehnung an Schwarzer (1994) als Variable „Allgemeine Selbstwirksamkeitserwartungen" erhoben. Nach Auffassung Banduras

(1997) hingegen sollte die Messung der Selbstwirksamkeit möglichst spezifisch erfolgen, um den größtmöglichen Gewinn bei der Vorhersage von Verhalten zu erzielen. So wurde in mehreren Studien zur Akzeptanz von technologiebasierten Informationssystemen das Konstrukt Computer-Selbstwirksamkeit erhoben. Dabei konnte ein signifikanter Zusammenhang zwischen der Computer-Selbstwirksamkeit und der Einstellungsakzeptanz nachgewiesen werden. Definiert ist die Computer-Selbstwirksamkeit als „an individual's judgment of efficacy across multiple computer application domains" (Compeau & Higgins, 1995, S.192). Somit ist die Computer-Selbstwirksamkeit im Sinne von Bandura (1997) domänenspezifisch und erfasst die Selbstwirksamkeit in Bezug auf den Umgang mit dem Computer. Daher sollte die Selbstwirksamkeit in zukünftigen Studien spezifisch mit Bezug zur Domäne E-Learning als Computer-Selbstwirksamkeit erhoben werden. In mehreren Studien zum Einfluss von Computer-Selbstwirksamkeit konnte nachgewiesen werden, dass die Computer-Selbstwirksamkeit in signifikantem Zusammenhang mit der Akzeptanz eines technologiebasierten Informationssystems steht (z.B. Compeau, Higgins & Huff, 1999; Webster & Martocchio, 1993; Yi & Davis, 2001; Yi & Venkatesh, 1996).

Die deskriptiven Daten zum subjektiven Lernerfolg zeigten, dass sich die Lernenden nach eigener Einschätzung in der Lernumgebung Wissen aneigneten und dass sie dieses Wissen nach subjektiver Einschätzung auch im Alltag nutzen können.
In der vorliegenden Studie gingen hohe Werte im subjektiven Lernerfolg mit hohen Werten in der Einstellungsakzeptanz einher. Aufgrund der oben dargestellten Befunde (Stark, Flender & Mandl, 2001) kann festgehalten werden, dass der subjektive Lernerfolg einen Aspekt darstellt, durch den die Einstellungsakzeptanz gefördert werden kann. Dieser Aspekt mag trivial erscheinen, dennoch belegt er die Wichtigkeit, dass Lernende das Gefühl haben müssen, durch die Bearbeitung der E-Learning-Maßnahme Wissen erworben zu haben. Zudem ist es wichtig zu verdeutlichen, dass dieses Wissen im Alltag angewendet werden kann.

Zusammenhang zwischen motivational-emotionalen Merkmalen des Individuums und der Einstellungsakzeptanz

Wie bereits erwähnt konnte die vorliegende Studie einen positiven Zusammenhang zwischen dem Lernermerkmal intrinsische Motivation und der Einstellungsakzeptanz nachweisen. Auch hier kann aufgrund bisheriger Befunde (vgl. Davis, Bagozzi & Warshaw, 1992) davon ausgegangen werden, dass die intrinsische Motivation einen Aspekt zur Förderung der Akzeptanz darstellt. Allerdings ist in diesem Zusammenhang anzumerken, dass in dieser Untersuchung lediglich die tätigkeitszentrierte intrinsische Motivation erfasst wurde. Das gegenstandszentrierte Interesse (Krapp, 1999) wurde in dieser Studie nicht überprüft. Für zukünftige Studien wäre es sinnvoll, das Interesse für den „Gegenstand" E-Learning als weiteren Einflussfaktor zu untersuchen.

Hinsichtlich der computerbezogenen Einstellungen konnten die Befunde von Stark (1999; 2001) sowie Stark et al. (2002) nicht bestätigt werden. Die Einstellungen zum Computer waren nicht signifikant mit der Einstellungsakzeptanz assoziiert. Auch für diesen Befund ist eine mögliche Ursache im Spezifikationsgrad der Erhebung der computerbezogenen Einstellungen zu sehen. Die computerbezogenen Einstellungen (Naumann & Richter, 1999) fokussieren allgemeine Computeranwendungen. In Bezug auf die zukünftige Forschung in diesem Gebiet wäre es interessant, den Einfluss von Einstellungen zu E-Learning bzw. computergestütztem Lernen zu untersuchen.

Auch für die Ambiguitätstoleranz konnten die Befunde von Stark (1999; 2001) sowie Stark et al. (2002) nicht bestätigt werden. Die Ambiguitätstoleranz war nicht signifikant mit der Einstellungsakzeptanz assoziiert. Eine mögliche Ursache hierfür könnte die geringe Stichprobe darstellen. Daher sollte in zukünftigen Forschungen die Ambiguitätstoleranz erneut thematisiert und in einer Studie mit einer größeren Stichprobe untersucht werden, um die Ergebnisse der vorliegenden Studie zu bestätigen.

Es ist also insgesamt festzuhalten, dass im Bereich der Lernermerkmale die erwarteten Befunde und Ergebnisse nur bedingt bestätigt wurden. So wurde die Wichtigkeit der Variablen „subjektiver Lernerfolg" und „intrinsische Motivation" manifestiert, da die vorliegende Studie die Ergebnisse anderer Studien replizierte (z.B. Davis et al., 1992; Stark, 1999; Stark, 2001; Stark et al., 2002).

Hingegen konnte für die Variablen „allgemeine Selbstwirksamkeitserwartungen", „Sicherheit im Umgang mit dem Computer", „computerbezogene Einstellungen" und „Ambiguitätstoleranz" die angenommenen Ergebnisse nicht bestätigt werden. Da diese Ergebnisse anderen Studien widersprechen (vgl. Stark, 1999; Stark, 2001; Stark et al., 2002), wird es Aufgabe zukünftiger Forschungen sein, die Zusammenhänge erneut empirisch zu untersuchen; insbesondere, als in der vorliegenden Studie lediglich eine geringe Stichprobe untersucht wurde und die Ergebnisse somit eher als Hinweise für einen Einfluss interpretiert werden sollten.

Zusammenhang zwischen den didaktischen Gestaltungskriterien und der Einstellungsakzeptanz

Die hohen Werte der Einschätzung der Merkmale der Lernumgebung lassen den Schluss zu, dass sowohl die didaktischen als auch die medialen Gestaltungskriterien in der E-Learning-Maßnahme umgesetzt werden konnten. Die Überprüfung des Zusammenhangs der Variable „Authentizität und Situiertheit" mit der Einstellungsakzeptanz bestätigte die vorher formulierte Annahme. Die Lerner, die die Lernumgebung im Hinblick auf deren Authentizität und Situiertheit als positiv einschätzten, wiesen auch eine höhere Einstellungsakzeptanz auf. Dies deutet darauf hin, dass es wichtig ist, E-Learning-Umgebungen authentisch und situiert zu gestalten, um die Einstellungsakzeptanz der Lernenden zu sichern. Dies bestätigt die Erkenntnisse der Lehr-Lernforschung, die eine akzeptanzfördernde Wirkung von authentischen, fallbasierten Lernumgebungen postulieren (vgl. Gräsel, 1997; Stark, 1999; Reinmann-Rothmeier & Mandl, 2001).

Die Selbststeuerung als Merkmal der Lernumgebung ist in der vorliegenden Studie signifikant mit der Einstellungsakzeptanz korreliert. So wiesen Lernende, die die Möglichkeiten zur Selbststeuerung innerhalb des E-Learning-Angebotes als hoch einschätzten, höhere Werte in der Einstellungsakzeptanz auf als Lernende, die die Möglichkeiten zur Selbststeuerung gering einschätzten. Die Befunde deuten somit darauf hin, dass es wichtig ist bei der Gestaltung von E-Learning-Maßnahmen Möglichkeiten zur Selbststeuerung zu schaffen, um die Einstellungsakzeptanz zu sichern (vgl. Reinmann-Rothmeier & Mandl, 2001; Gräsel, 1997).

Entgegen der Erwartung erwies sich das Merkmal „instruktionale Unterstützung" als nicht signifikant mit der Einstellungsakzeptanz korreliert. Damit wurden Befunde von Stark et al. (2001) repliziert, die keinen nachweisbaren Einfluss von instruktionalen Maßnahmen auf die Akzeptanz der Lernmethode nachweisen konnten. Sowohl Befunde der vorliegenden Studie als auch jene von Stark et al. (2001) sprechen somit dafür, dass zwischen der instruktionalen Unterstützung und der Akzeptanz einer E-Learning-Maßnahme kein signifikanter Zusammenhang besteht. Auf Grund dessen, dass kein Zusammenhang zwischen der instruktionalen Unterstützung und der Einstellungsakzeptanz gefunden werden konnte, kann nicht darauf geschlossen werden, dass keine der einzelnen Maßnahmen der instruktionalen Unterstützung bedeutsam mit der Einstellungsakzeptanz assoziiert ist. So wurde in der vorliegenden Studie instruktionale Unterstützung sehr global erfasst. In Hinblick auf die zukünftige Forschung wäre es wünschenswert, die instruktionale Unterstützung spezifischer zu erfassen.

Zusammenhang zwischen medialen Gestaltungskriterien und der Einstellungsakzeptanz

Die Variable „Wirkung der Medien" erwies sich als signifikant mit der Einstellungsakzeptanz korreliert. Damit kann festgehalten werden, dass die Ergebnisse erste Anhaltspunkte dafür lieferten, dass die Wirkung der Medien einen Aspekt zur Förderung der Einstellungsakzeptanz darstellt. Bei der Erstellung von E-Learning-Maßnahmen muss daher darauf geachtet werden, dass die eingesetzten Medien Zusammenhänge veranschaulichen und erläutern (Mayer, 2003; Nielsen, 1993; Issing, 2002).

Entgegen den Erwartungen konnte kein signifikanter Zusammenhang zwischen der Variable „Verständlichkeit der Medien" und der Einstellungsakzeptanz nachgewiesen werden. Allerdings verfehlte die Korrelation nur knapp die Signifikanzgrenze. Da die Stichprobe in der vorliegenden Studie sehr klein war, kann somit davon ausgegangen werden, dass der Zusammenhang zwischen den Variablen bei einer Untersuchung mit einer größeren Stichprobe signifikant gewesen wäre. Dies legt den Schluss nahe, dass bei der Gestaltung von E-Learning-Maßnahmen darauf geachtet werden muss, dass die Medien im Sinne des „Hamburger Verständlichkeitsmodell" von Langer et al. (1981) verständlich sind, um damit die Einstellungsakzeptanz der Lernenden zu sichern.

Die Ergebnisse der vorliegenden Studie bezüglich der Merkmale der Lernumgebung weisen darauf hin, dass sowohl die didaktische als auch die mediale Gestaltung einen wichtigen Aspekt zur Förderung der Einstellungsakzeptanz darstellen. Daher sollten E-Learning-Maßnahmen authentisch und situiert sein und Möglichkeiten zur Selbststeuerung bieten. Darüber hinaus sollten die verwendeten Medien verständlich sein und den Erwerb von Wissen fördern, um die Einstellungsakzeptanz der Lernenden zu sichern.

Interkorrelation der Lernermerkmale und der Merkmale der Lernumgebung Weitere Auswertungen der Daten ergaben eine hohe Interkorrelation zwischen einzelnen erhobenen Aspekten. Dies spricht dafür, dass die untersuchten Aspekte zum Teil nicht getrennt voneinander betrachtet werden können und somit einen gemeinsamen Einfluss auf die Einstellungsakzeptanz ausüben.

So konnte nachgewiesen werden, dass das Lernermerkmal „subjektiver Ler-nerfolg" signifikant mit den Merkmalen der Lernumgebung „Authentizität und Situiertheit", „Selbststeuerung" sowie „Wirkung der Medien" assoziiert ist. Auch die intrinsische Motivation als Lernermerkmal stand in signifikantem Zusammenhang mit einzelnen Merkmalen der Lernumgebung. So konnte ein positiver Zusammenhang zwischen dem Lernermerkmal intrinsische Motivati-on mit der Variablen Authentizität und Situiertheit der Lernumgebung nachge-wiesen werden. Gleiches gilt für die Variablen Selbststeuerung, Verständlichkeit der Medien und Wirkung der Medien, für die ebenfalls ein positiver Zusammenhang mit der intrinsischen Motivation nachgewiesen werden konnte.

Da aufgrund der kleinen Stichprobe jedoch keine pfadanalytischen Untersu-chungen durchgeführt werden konnten, ist keine Aussage über die Richtung der Zusammenhänge möglich. Eine denkbare Erklärung wäre, dass intrinsisch motivierte Lerner eine positivere Grundhaltung zur Lernumgebung haben, was sich positiv auf die Einschätzung verschiedener didaktischer sowie medialer Gestaltungskriterien auswirkt. Dies würde die Annahmen von Schiefele & Rheinberg (1997), dass Motivation Einfluss nimmt auf das Lernen und somit indirekt auch auf die Einschätzung der Lernmethode und der damit einherge-henden didaktischen Gestaltung, bestätigen.

Auch für die Variable „Selbststeuerung" ist davon auszugehen, dass die int-rinsische Motivation als Einflussfaktor fungiert. So wurde für die Variable „Selbststeuerung" nachgewiesen, dass die Motivation nachgewiesenermaßen in allen Phasen des selbstgesteuerten Lernens eine wichtige Rolle spielt. So ist der motivational-emotionale Ausgangszustand grundlegend für die Entschei-dung der Lernenden, eventuell vorhandene Kompetenzen zur Selbststeuerung beim Lernen einzusetzen beziehungsweise vorhandene Möglichkeiten zur Selbststeuerung beim Lernen tatsächlich zu nutzen (Entwistle, 1988; McCombs & Whisler, 1989).

Zusammenfassend lässt sich für die Interkorrelationen zwischen den Merk-malen der Lernumgebung und den Lernermerkmalen festhalten, dass für eine genauere Untersuchung der Zusammenhänge eine Studie mit größerer Stich-probe nötig ist, um pfadanalytische Berechnungen (vgl. Bortz, 1999) durchzu-führen.

9.4.2 Zusammenhang zwischen der Einstellungsakzeptanz und der Verhaltensakzeptanz

Die Einstellungsakzeptanz war signifikant mit der Verhaltensakzeptanz korreliert. Allerdings fiel der Zusammenhang der beiden Variablen geringer aus als in bisherigen Studien der Akzeptanzforschung (vgl. Venkatesh & Davis, 2000). Ein möglicher Grund hierfür ist darin zu sehen, dass die Verhaltensakzeptanz lediglich durch die subjektive Einschätzung der momentanen Nutzung erhoben wurde. So war eine Erhebung der tatsächlichen Nutzung aus Datenschutzgründen des Unternehmens nicht möglich. Ein weiterer Grund für den geringeren Zusammenhang ist in der kleinen Stichprobe zu sehen.

Zudem wurde in dieser Studie der direkte Zusammenhang der erhobenen Aspekte der Lernermerkmale und Merkmale der Lernumgebung überprüft und es bestätigte sich die Vermutung, dass kein direkter Zusammenhang dieser Variablen mit der Verhaltensakzeptanz besteht. Dies deutet auf den indirekten Einfluss dieser Variablen, mediiert durch die Einstellungsakzeptanz, hin (vgl. auch Davis, 1989; Gefen & Straub, 2000; Taylor & Todd, 1995; Venkatesh, 2000; Venkatesh & Davis, 2000). Somit bleibt festzuhalten, dass die Befunde darauf hinweisen, dass die Förderung der Nutzung beziehungsweise der Verhaltensakzeptanz wesentlich von der Förderung der Einstellungsakzeptanz abhängt (vgl. Simon, 2001).

9.4.3 Methodische Konsequenzen

Die Hauptproblematik dieser Studie ist in der kleinen Stichprobe zu sehen. Doch trotz dieser Problematik liefert die Studie durch ihre Ergebnisse erste Anhaltspunkte über den Zusammenhang von Lernermerkmalen beziehungsweise Merkmalen der Lernumgebung sowie der Einstellungs- und Verhaltensakzeptanz. Weitere Studien, die mit einer ausreichend großen Stichprobe durchgeführt werden, sollten diese Variablen erneut thematisieren, damit regressions- und pfadanalytische Methoden angewendet werden können und somit eine genauere Interpretation der Wirkungsweise der einzelnen Variablen beziehungsweise des gemeinsamen Einflusses verschiedener Variablen möglich wird.

Ein weitere Möglichkeit der Überprüfung von kausalen Zusammenhängen ist die experimentelle Variation einzelner Faktoren unter kontrollierten Bedingungen. So bestünde eine Möglichkeit darin, die didaktische Gestaltung von E-Learning zu variieren und die Probanden zufällig einer dieser E-Learning-Umgebungen zuzuteilen und die Unterschiede in der Einstellungs- bzw. Verhaltensakzeptanz zu testen.

Als weitere methodische Konsequenz ist anzumerken, dass Verhaltensakzeptanz als tatsächliche Nutzung der E-Learning-Angebote erhoben wird. Dies war in der vorliegenden Studie aufgrund der Auflagen des Unternehmens, in dem die Untersuchung durchgeführt wurde, nicht möglich. Daher konnte die Verhaltensakzeptanz lediglich durch die subjektive Einschätzung der Nutzung durch die Teilnehmer erhoben werden. Es wäre vor diesem Hintergrund wünschenswert, in zukünftigen Forschungen objektive Daten zur tatsächlichen Nutzung, zum Beispiel durch Log-Files, zu erheben.

9.4.4 Konsequenzen für die zukünftige Forschung

Die Erhebung der Akzeptanz erfolgt zu einem bestimmten Zeitpunkt nach der Einführung der E-Learning-Maßnahme. Diese Zeitpunktbetrachtung scheint für Innovationen, deren Nutzen sich durch mehrmalige Nutzung verändert (z.B. bei Lerneffekten), problematisch. So erfolgt in der vorliegenden Studie keine differenzierte Unterscheidung zwischen Erstnutzung und Folgenutzung. Darüber hinaus blieb auch die Erhebung von Rückkopplungseffekten zwischen Erstnutzung und Folgenutzung unberücksichtigt (vgl. Simon 2001). Ähnliches gilt für die Erhebung einzelner Lernermerkmale. Die Lernermerkmale wurden mit Ausnahme des subjektiven Lernerfolgs als Lernvoraussetzungen vor der Bearbeitung der E-Learning-Maßnahme erhoben. Diese werden jedoch sowohl durch die Bearbeitung der E-Learning-Maßnahme als auch durch die gewählte Form der Lernumgebung beeinflusst (vgl. Mandl et al., 1997). Ein Bespiel für die Veränderung von Lernermerkmalen im Laufe der Bearbeitung einer E-Learning-Maßnahme ist die intrinsische Motivation. So wirkt sich die Wahrnehmung von Selbststeuerung nachgewiesenermaßen positiv auf die intrinsische (Lern-) Motivation aus (Pintrich & Garcia, 1993; Deci & Ryan, 1993; Dweck & Legget, 1988; Beitinger & Mandl, 1992). Darüber hinaus wecken computerunterstützte Lernumgebungen, die eine hohe Realitätsnahe aufweisen und damit einen Bezug zur Lebenswelt beziehungsweise Arbeitswelt der Lernenden aufweisen, durch ein interessantes Ausgangsproblem die intrinsische Motivation der Lernenden (Pintrich & Garcia, 1993;

Mandl et al., 1997; Dweck, 1996). Dies führt zu der Annahme, dass sich problemorientierte E-Learning-Maßnahmen positiv auf die intrinsische Motivation der Lernenden auswirken. Dieser Effekt wurde allerdings, ebenso wie die Auswirkungen der Wahrnehmung von Selbststeuerung auf die intrinsische Motivation, nicht erhoben, da die intrinsische Motivation als individuelle Lernvoraussetzung vor dem Bearbeitungsprozess und somit nicht als Prozessvariable erfasst wurde.

Es wäre daher wünschenswert, in zukünftigen Forschungen die Lernermerkmale, die als Lernvoraussetzungen erhoben wurden, auch als Prozessvariablen zu erheben.

Darüber hinaus sollten in zukünftigen Studien Gruppenvergleiche durchgeführt werden. So sollte überprüft werden, inwieweit die unterschiedliche Realisierung der Leitlinien zum problemorientierten Lernen, und somit die Umsetzung der Merkmale der Lernumgebung, die Einstellungsakzeptanz unterschiedlich beeinflussen.

Berücksichtigung weiterer Merkmale des Individuums

Nachdem in der vorliegenden Studie nur eine Auswahl an Lernermerkmalen erhoben werden konnte, sollten in zukünftigen Studien weitere Lernermerkmale als potentielle Aspekte der Akzeptanzförderung untersucht werden. So sollte das inhaltliche Vorwissen (Dochy, 1992; Stark, 1999; Stark et al., 2002) und das Interesse als motivationale Einstellung (vgl. Krapp, 1999; Dweck & Legget, 1988; Pintrich & Garcia, 1993; Mandl et al., 1997) erhoben werden.

Darüber hinaus sollten zudem die Gewohnheiten der Lerner erhoben werden. So spielen nach Limayem und Hirt (2000) vor allem Gewohnheiten der Nutzer beziehungsweise der Lerner eine entscheidende Rolle für die Akzeptanz einer E-Learning-Maßnahme.

Zusammenfassend lässt sich sagen, dass die Bedeutung von Lernermerkmalen für die Akzeptanz von E-Learning unbestreitbar ist (vgl. auch Agarwal, 2000). Bis zum jetzigen Zeitpunkt ist jedoch nicht geklärt, zu welchem Anteil die Lernermerkmale, die sich in der vorliegenden Studie als bedeutsam mit der Einstellungsakzeptanz assoziiert erwiesen, die Einstellungsakzeptanz beeinflussen. Dies sollte daher in zukünftigen Forschungen empirisch untersucht werden. Darüber hinaus muss der Tatsache Rechnung getragen werden, dass einzelne Aspekte nicht getrennt voneinander betrachtet werden können, sondern einen gemeinsamen Einfluss haben.

Erhebung weiterer Merkmale der Lernumgebung

Die vorliegende Studie gab erste Hinweise darauf, dass sich die Einschätzung der didaktischen und medialen Gestaltung einer E-Learning-Maßnahme auf die Akzeptanz derselbigen auswirkt. Diese Ergebnisse sollten in zukünftigen Forschungen erneut aufgegriffen und thematisiert werden, da die Merkmale der Lernumgebung bis zum jetzigen Zeitpunkt kaum untersucht wurden.

So sollte in zukünftigen Studien untersucht werden, inwieweit sich die Einschätzung der Umsetzung der problemorientierten Leitlinien „sozialer Kontext", also unter anderem die Möglichkeit zur Kooperation, und „Multiple Kontexte/Perspektiven" auf die Akzeptanz eines E-Learning-Angebots auswirken. So konnten Malhotra & Galletta (1999) zeigen, dass soziale Einflüsse einen weiteren Aspekt der Akzeptanzförderung darstellen.

Auch sollte neben den medialen Gestaltungskriterien die Wirkung und Verständlichkeit der Medien sowie die Bildschirmgestaltung als wichtiges Kriterium der medialen Gestaltung (vgl. Kopp et al., 2003) und als möglicher Aspekt der Akzeptanzförderung untersucht werden.

Zudem sollte in zukünftigen Studien auch die Ergonomie der Lernumgebung (Reglin, 2004) als Gestaltungskriterium der E-Learning-Maßnahme thematisiert werden.

9.4.5 Konsequenzen für die Praxis

Die vorliegende Studie bestätigt die Annahme, dass Lernermerkmale ein entscheidender Aspekt der Akzeptanförderung sind. Daher sollten die Lernermerkmale „intrinsische Motivation" und „subjektiver Lernerfolg" bei der Gestaltung von E-Learning-Maßnahmen berücksichtigt werden.

Für die intrinsische Motivation bedeutet dies, dass bereits im Vorfeld der E-Learning-Maßnahme die intrinsische Motivation der Teilnehmer gesichert beziehungsweise erhöht werden sollte. Eine Möglichkeit hierfür wäre, bereits im Vorfeld sicher zu stellen, dass die Lernenden an den Themen der E-Learning-Maßnahme interessiert sind. So sollte bereits vor der Planung der E-Learning-Maßnahme in einer Bedarfserhebung die Themen, an welchen die Mitarbeiter interessiert sind beziehungsweise für sie von Bedeutung sind, miteinbezogen werden (vgl. Bürg, Kronburger & Mandl, 2004).

Zudem sollte die Lernumgebung selbst intrinsisch motivierend wirken. Eine Möglichkeit hierfür bieten Lernumgebungen, die, wie die untersuchte E-Learning-Maßnahme, von konkreten Fallproblemen oder Beispielsituationen ausgehen. So motivieren konkrete Fallprobleme oder Beispielsituationen durch ihre Handlungsrelevanz und die Einsicht in praktische Anwendungsmöglichkeiten (Puppe, Reinhardt & Schultheis, 2001). Damit tragen problemorientierte Verfahren zum Erwerb von intrinsischer Lernmotivation bei (vgl. Ausubel, 1974).

Neben dem Lernermerkmal „intrinsische Motivation" erwies sich auch der subjektive Lernerfolg als ein Aspekt zur Akzeptanzförderung. Daher muss die E-Learning-Maßnahme so angelegt sein, dass sie den Lernenden den Eindruck vermittelt, dass sie durch die Bearbeitung der E-Learning-Maßnahme ihr bestehendes Wissen vertiefen, neues Wissen erwerben und Zusammenhänge verstehen. Darüber hinaus müssen sie der Meinung sein, dass sie das erworbene Wissen in zukünftigen Arbeitssituationen anwenden können (Kopp et al., 2003). Daher sollte das in der Lernumgebung vermittelte Wissen zum einen auf das Vorwissen der Lernenden abgestimmt sein und zudem Bezug zum Arbeitsleben der Lernenden haben.

Neben der Beachtung der Lernermerkmale kommt der didaktischen und medialen Gestaltung der E-Learning-Maßnahme eine entscheidende Rolle zur Förderung der Akzeptanz zu. Daher sollten E-Learning-Maßnahmen im Sinne des problemorientierten Lernens authentisch und situiert sein und dem Lernenden Möglichkeiten zur Selbststeuerung anbieten. Darüber hinaus muss darauf geachtet werden, dass die eingesetzten Medien inhaltlich verständlich sowie aufeinander abgestimmt sind und die Lerner, durch zum Beispiel das Verdeutlichen von Zusammenhängen, unterstützen (Mayer, 2003; Issing, 2002; Nielsen, 1993).

Kapitel 10
Zusammenfassung und Gesamtdiskussion

In Kapitel 10 werden zentrale Erkenntnisse und Befunde der vorliegenden Arbeit zusammengefasst. Im Anschluss daran erfolgt auf Grundlage der vorliegenden Befunde die Ableitung theoretischer, methodischer und praktischer Implikationen. Das Kapitel endet mit einem Ausblick.

10.1 Zusammenfassung

10.1.1 Theoretische Grundlage der vorliegenden Untersuchungen

Ziel der Arbeit war es, den Einfluss von Aspekten der Institution, des Individuums und der Lernumgebung auf die Akzeptanz von E-Learning zu untersuchen. Zu diesem Zwecke wurden zwei Feldstudien in einem Pharmaunternehmen, das E-Learning eingeführt hat, durchgeführt.

Theoretische Basis der vorliegenden Arbeit sind prominente Akzeptanzmodelle aus der Forschung zu technologiebasierten Informationssystemen, so das Task-Technology-Fit-Model (Goodhue, 1995), das Technology-Acceptance-Model (Davis, 1989) und das Technology-Acceptance-Model 2 (Venkatesh & Davis, 2000). Zudem wurde das Akzeptanzmodell für Wissensmedien (Simon, 2001) miteinbezogen, da dieses Modell speziell für E-Learning entwickelt wurde.

Gemeinsam ist den Modellen, dass sie Akzeptanz als ein Konstrukt, bestehend aus einem Einstellungs- und einem Verhaltensaspekt, erklären. In diesem Zusammenhang ist somit die Berücksichtigung von Erkenntnissen aus der Einstellungs- und Verhaltensforschung (z.B. Ajzen & Fishbein, 2000) als weitere theoretische Grundlage vonnöten.

In Bezug auf mögliche Einflussfaktoren ist es im Kontext von E-Learning notwendig, einige Modifikationen und Ergänzungen vorzunehmen. So erscheint es sinnvoll, die in den Modellen genannten zahlreichen Faktoren theoretisch basiert zusammenzufassen, zu ergänzen und für den Kontext E-Learning anzupassen.

Aus diesem Grund wurde für die vorliegenden Studien ein Akzeptanzmodell für E-Learning abgeleitet. Akzeptanz wurde in diesem Modell definiert als Konstrukt bestehend aus einem Einstellungs- und einem Verhaltensaspekt (Nutzung). Der Hauptprädiktor der Nutzung ist in diesem Modell in Anlehnung an Davis (1989), Venkatesh und Davis (2000) sowie Ajzen und Fishbein (2000) die Einstellungsakzeptanz. Auf die Einstellungsakzeptanz wirken im Kontext E-Learning in Unternehmen die institutionellen Rahmenbedingungen, Merkmale des Individuums und Merkmale der Lernumgebung. Ein direkter Zusammenhang der institutionellen Rahmenbedingungen, der Merkmale des Individuums und der Merkmale der Lernumgebung wird in diesem Modell basierend auf Theorien der Einstellungs- und Verhaltensforschung (Ajzen & Fishbein, 2000) nicht angenommen.

Theoretische Grundlage für die Auswahl der Aspekte der Institution, des Individuums und der Lernumgebung bilden Erkenntnisse und Befunde der Implementationsforschung (Tarlatt, 2001; Back et al., 2001) und der pädagogischen Psychologie (Gräsel, 1997; Stark, 2001).

Feldstudie 1 fokussierte auf den Einfluss der institutionellen Rahmenbedingungen auf die Akzeptanz von E-Learning. In Feldstudie 2 wurde der Einfluss von Merkmalen des Individuums und Merkmalen der Lernumgebung auf die Akzeptanz von E-Learning untersucht.

Im Folgenden werden die wichtigsten Befunde beider Studien zusammengefasst.

10.1.2 Zusammenfassung zentraler Befunde

Beide Studien untersuchten die Akzeptanz von E-Learning- Angeboten in einem Unternehmen. Die Gemeinsamkeit beider Studien lag in der Untersuchung der Akzeptanz als ein Konstrukt bestehend aus einem Einstellungs- und einem Verhaltensaspekt. In beiden in dieser Arbeit durchgeführten Studien konnte ein signifikant positiver Zusammenhang zwischen der Einstellungs- und der Verhaltensakzeptanz festgestellt werden. Allerdings ist anzumerken, dass der Zusammenhang zwischen Einstellungs- und Verhaltensakzeptanz in Studie 2 geringer als in bisherigen Studien ausfiel.

Zusammenfassend betrachtet kann dennoch festgehalten werden, dass beide Studien Anhaltspunkte dafür lieferten, dass die Einstellungsakzeptanz als wesentlicher Prädiktor für die tatsächliche Nutzung (Verhaltensakzeptanz) angesehen werden kann.

Hinsichtlich der Untersuchung von Einflussfaktoren auf die Einstellungsakzeptanz wurden in beiden dieser Arbeit zugrunde liegenden Studien unterschiedliche Faktoren untersucht. Studie 1 fokussierte auf den Einfluss von institutionellen Rahmenbedingungen, Studie 2 auf den Einfluss von Merkmalen des Individuums und Merkmalen der Lernumgebung.

Die Ergebnisse beider Studien lieferten erste Anhaltspunkte für einen positiven Zusammenhang zwischen Aspekten der Institution, des Individuums und der Lernumgebung mit der Einstellungsakzeptanz für E-Learning in Unternehmen.

In Studie 1 waren im Bereich der institutionellen Rahmenbedingungen während der Implementation die Information und die Betreuung als Indikatoren für personale Maßnahmen, die Relevanz für den Arbeitsalltag und das Vorhandensein von Freiräumen als Indikatoren für organisationale Maßnahmen und die technische Bedienbarkeit als Indikator für technische Rahmenbedingungen mit der Einstellungsakzeptanz positiv assoziiert. Diese Befunde sprechen somit für eine akzeptanzfördernde Wirkung einzelner Aspekte der institutionellen Rahmenbedingungen.

In Studie 2 waren im Bereich der Merkmale des Individuums die intrinsische Motivation und der subjektive Lernerfolg mit der Einstellungsakzeptanz positiv assoziiert. Somit bleibt festzuhalten, dass die Ergebnisse ebenfalls auf eine akzeptanzfördernde Wirkung der intrinsischen Motivation und des subjektiv empfundenen Lernerfolgs hindeuten.

Hinsichtlich der Merkmale der Lernumgebung waren in Studie 2 die Authentizität und Situiertheit und die Wirkung der Medien positiv mit der Einstellungsakzeptanz assoziiert.

10.2 Ertrag der dargestellten Studien in Hinblick auf Theorie und Praxis

10.2.1 Theoretische Implikationen

Ein Problem bisheriger Studien zur Thematik der mangelnden Akzeptanz war ein sehr starker Anwendungsbezug und gleichzeitig mangelnde theoretische Fundierung. Ausgangspunkt der in dieser Arbeit durchgeführten Studien bildete das in Kapitel 3 unter Berücksichtigung von theoretischen Erkenntnissen der Akzeptanz- als auch der Einstellungs- und Verhaltensforschung abgeleitete Modell zur Akzeptanz von E-Learning in Unternehmen. Die Ergebnisse der beiden Studien lieferten erste Anhaltspunkte zur Bestätigung des Modells. Die gefundenen Zusammenhänge deuten auf den Einfluss der institutionellen Rahmenbedingungen, der Merkmale des Individuums und Merkmale der Lernumgebung auf die Einstellungsakzeptanz und indirekt, mediiert durch die Einstellungsakzeptanz, auf die Verhaltensakzeptanz hin. Um diese Befunde zu untermauern, sind allerdings weitere Untersuchungen nötig. Das in dieser Arbeit abgeleitete Modell und die vorliegenden Befunde sollten Ausgangspunkt experimenteller Studien sein (vgl. Stark, 2001; Mandl & Stark, 2001; Stokes, 1997; Fischer, Bouillon, Mandl & Gomez, 2003). So könnte man den Einfluss der Information und der Partizipation als Aspekte institutioneller Rahmenbedingungen, den Einfluss der didaktischen und medialen Gestaltung als Aspekte der Merkmale der Lernumgebung durch gezielte Variation dieser Aspekte unter kontrollierten Bedingungen genauer untersuchen (Bortz, 1999).

Darüber hinaus sollten das abgeleitete Modell und die vorliegenden Befunde ebenso Ausgangspunkt weiterer Felduntersuchungen darstellen, in denen die Ergebnisse bei einer größeren Stichprobe und unter Einbezug weiterer Aspekte der institutionellen Rahmenbedingungen, Merkmale des Individuums und Merkmale der Lernumgebung repliziert werden (siehe auch methodische Konsequenzen in diesem Abschnitt). In Hinblick auf Merkmale des Individuums erscheint es sinnvoll, in weiteren Untersuchungen die subjektive Norm als soziale Einflussvariable (Ajzen & Madden, 1986) und die wahrgenommene Verhaltenskontrolle als kognitive Einflussvariable (Ajzen & Madden, 1986; Ajzen & Fishbein, 2001) auf die Verhaltensakzeptanz zu untersuchen. Die

Erhebung dieser Variablen war in dieser Arbeit aus unternehmenspolitischen Gründen nicht möglich. In künftigen Felduntersuchungen sollte der Einfluss dieser Variablen auf die Einstellungs- und Verhaltensakzeptanz berücksichtigt werden.

Zusammenfassend kann daher festgehalten werden, dass sich das in der vorliegenden Arbeit abgeleitete Modell zur Akzeptanz von E-Learning in Unternehmen als sinnvolle Grundlage erwiesen hat und somit Ausgangspunkt für weitere Untersuchungen in diesem Gebiet darstellen sollte.

10.2.2 Methodologische Implikationen

In Bezug auf die methodische Vorgehensweise zur Erfassung der Akzeptanz von E-Learning in Unternehmen können aus der Arbeit folgende wesentliche Konsequenzen gezogen werden.

Im Rahmen der beiden dieser Arbeit zugrunde liegenden Studien wurden sowohl Einstellungs- und Verhaltensakzeptanz als auch die Aspekte der institutionellen Rahmenbedingungen, die Merkmale des Individuums und die Merkmale der Lernumgebung durch die subjektive Einschätzung der Probanden erhoben. Speziell bei der Untersuchung der Akzeptanz erscheint dies sinnvoll, da die Verhaltungsakzeptanz (Nutzung) wesentlich von den subjektiven Einstellungen des Einzelnen abhängt. Die Einstellungsakzeptanz wird wiederum durch die subjektive Einschätzung der Rahmenbedingungen bestimmt (vgl. auch Simon, 2001).

Allerdings ist in diesem Zusammenhang anzumerken, dass Studien, die lediglich die subjektive Einschätzung untersuchen, mit dem Problem der mangelnden Objektivität konfrontiert sind (Shadish, Cook & Campbell, 2002; Bortz & Döring, 2002). Die subjektive Einschätzung von bestimmten Aspekten durch die Probanden kann mit anderen Persönlichkeitsfaktoren interferieren (Bortz & Döring, 2002) und somit die Objektivität der Einschätzung gefährden. Aus diesem Grund ist es sinnvoll, die Ergebnisse dieser Studien in weiteren Untersuchungen zu überprüfen, indem bestimmte Aspekte variiert werden. In Bezug auf die institutionellen Rahmenbedingungen wäre z.B. die Variation der Information bzw. Partizipation der Betroffenen möglich. Hinsichtlich zukünftiger Studien zur Akzeptanz von E-Learning bleibt somit festzuhalten, dass die Daten nicht alleinig durch subjektive Einschätzungen gewonnen werden sollten.

Des Weiteren ist anzumerken, dass sowohl in Studie 1 bezüglich der Aspekte der institutionellen Rahmenbedingungen, als auch in Studie 2 bezüglich der Merkmale des Individuums und der Merkmale der Lernumgebung hohe Interkorrelationen zwischen den einzelnen Aspekten festgestellt wurden. Daraus ergeben sich folgende methodische Konsequenzen für die zukünftige Forschung.

Es ist darauf zu achten, dass in künftigen Studien eine größere Stichprobe untersucht wird um pfad- und regressionsanalytische Verfahren anwenden zu können, um die Wirkungsweisen der Interrelationen detaillierter bestimmen zu können. Zur Überprüfung des in der vorliegenden Arbeit abgeleiteten Untersuchungsmodells sind pfadanalytische Methoden notwendig (Bortz, 1999).

Des Weiteren wäre es interessant, die Akzeptanz von E-Learning in anderen Branchen zu untersuchen. Beide Studien in der vorliegenden Arbeit wurden in einem Pharmaunternehmen durchgeführt. Weitere Untersuchungen in anderen Branchen würden die Allgemeingültigkeit der vorgefundenen Befunde vergrößern (vgl. National Research Council, 2001).

Zudem ist anzumerken, dass in den beiden vorliegenden Studien die Akzeptanz von lediglich zwei E-Learning-Formen untersucht wurde. Vor dem Hintergrund der vielfältigen Einsatzformen von E-Learning ist es sinnvoll die Akzeptanz weitere Einsatzformen zu untersuchen.

10.2.3 Praktische Implikationen

E-Learning ist mehr als nur eine elektronisch unterstützte Form der Aus- und Weiterbildung. Mit E-Learning eröffnet sich ein Gestaltungsraum, in welchem formelle und informelle Lern- und Arbeitsprozesse innerhalb eines Unternehmens neu gestaltet und über die Unternehmensgrenzen hinaus ausgeweitet werden können. E-Learning-Angebote können überall dort *just-in-time* eingesetzt werden, wo ein konkretes Lern- oder Unterstützungsbedürfnis entsteht (Back et al., 2001). Der Einsatz von E-Learning wird in den kommenden Jahren mehr und mehr an Bedeutung gewinnen (Rosenberg, 2001). Aus diesem Grund ist es notwendig, die Akzeptanz der Mitarbeiter für E-Learning zu sichern, um eine erfolgreiche Einführung zu gewährleisten.

Wie die Ergebnisse der beiden Studien belegen, ist es notwendig, bereits während des Prozesses der Implementation Maßnahmen zur Förderung der Akzeptanz zu treffen. Auf organisationaler Ebene sprechen die Ergebnisse für eine besondere Berücksichtigung der Bedürfnisse und des Bedarfs der Mitarbeiter. Bereits in der Planungsphase des Implementationsprozesses muss der Bedarf von Seiten der Mitarbeiter und des Unternehmens erhoben werden (vgl. Tarlatt, 2001; Winkler & Mandl, 2004). Die Befunde der ersten Studie untermauern dies. Die Einführung von E-Learning bedeutet somit auf organisationaler Ebene eine Anpassung bisheriger Strukturen aufgrund des Bedarfs und der Ziele, die mit der Einführung verbunden sind (Tarlatt, 2001). Zusammengefasst kann festgehalten werden, dass die konkrete Relevanz für den Arbeitsalltag aus Sicht der Mitarbeiter einen entscheiden Faktor darstellt (vgl. auch Back et al., 2001; Back & Bursian, 2003).

Eine erfolgreiche Implementation im Sinne einer aktiven Nutzung der E-Learning-Angebote erfordert zudem Maßnahmen auf personaler Ebene.

Ein Implementationsvorhaben kann nur erfolgreich sein, wenn eine breite und transparente Kommunikation zwischen allen Beteiligten stattfindet und die Betroffenen somit kontinuierlich über die Ziele und die Fortschritte der Implementation informiert werden. Die Ergebnisse bestätigen die besondere Bedeutung der Information zur Förderung der Akzeptanz. Die Einführung von E-Learning sollte als eigentlicher Change-Prozess verstanden und entsprechend gemanagt werden (Back, et al., 2001).

Des Weiteren sind die individuellen Lernvoraussetzungen der Betroffenen bei der Einführung von E-Learning zu berücksichtigen. Insbesondere die Lernmotivation stellt hier einen wichtigen Faktor dar.

Hinsichtlich der didaktischen Gestaltung von E-Learning stellte sich der Ansatz des problemorientierten Lernens in der zweiten Studie als geeignet heraus. Zum einen hatten die Betroffenen überwiegend das Gefühl, für ihre Arbeit notwendiges Wissen erworben zu haben. Zum anderen bestand ein direkter Zusammenhang zwischen der Einschätzung der didaktischen Gestaltungskriterien und der Einstellungsakzeptanz. Besonders in Gebieten, die die Förderung von anwendungsbezogenem Wissen betreffen, hat sich der Ansatz des Problemorientierten Lernens bewährt (vgl. Gräsel, 1997; Reinmann-Rothmeier & Mandl, 2001).

Zusammenfassend gesehen erbrachten die dieser Arbeit zugrunde liegenden Studien erste Erkenntnisse über den Einfluss institutioneller Rahmenbedingungen, Merkmale des Individuums und Merkmale der Lernumgebung auf die Akzeptanz von E-Learning in Unternehmen. Bezüglich der institutionellen Rahmenbedingungen bleibt aufgrund der Befunde somit festzuhalten, dass es für ein Unternehmen notwendig ist entsprechende Rahmenbedingungen schon während des Implementationsprozesses zu schaffen. Dies impliziert Maßnahmen sowohl auf organisationaler und personaler als auch auf technischer Ebene. Auf organisationaler Ebene ist es nicht ausreichend, E-Learning lediglich additiv den bestehenden Geschäftsprozessen hinzuzufügen. Um die Akzeptanz für E-Learning zu fördern, ist vielmehr eine Anpassung bestehender Geschäftsstrukturen notwendig. Auf personaler Ebene stellte sich die kontinuierliche Information der Beteiligten als eine weitere wichtige Maßnahme heraus. Zudem ist auf der technischen Ebene zu gewährleisten, dass die implementierten E-Learning-Angebote intuitiv und den Kriterien der Usability entsprechend gestaltet sind.

Neben den institutionellen Rahmenbedingungen sollte die besondere Berücksichtigung der individuellen Lernvoraussetzungen und der didaktischen und medialen Gestaltung der E-Learning-Angebote im Fokus eines jeden Implementationsvorhabens stehen. Sowohl Merkmale des Individuums als auch Merkmale der Lernumgebung erwiesen sich als Faktoren zur Förderung der Akzeptanz im Sinne der Nutzung.

10.3 Ausblick

Das Thema Akzeptanz von E-Learning in Unternehmen sollte in Zukunft noch mehr im Fokus sowohl erkenntnisorientierter als auch anwendungsbezogener Forschung stehen. Bisherige Studien im Bereich Akzeptanz von E-Learning in Unternehmen wiesen einen sehr starken Anwendungsbezug unter Vernachlässigung bestehender Theorien auf.

In dieser Arbeit hat sich das abgeleitete Untersuchungsmodell zur Akzeptanz von E-Learning als sinnvolle Grundlage erwiesen. Die vorliegenden Befunde lieferten erste Anhaltspunkte zur Bestätigung des Modells. Die weitere theoriegeleitete Untersuchung von möglichen akzeptanzbeeinflussenden Faktoren wird zukünftig sowohl für die Wissenschaft als auch für die Praxis von großer Bedeutung sein (vgl. auch Rosenberg, 2001).

Aus wissenschaftlicher Sicht ist festzustellen, dass auf diesem Gebiet nur sehr wenig theoretisch fundierte Befunde bestehen (vgl. Simon, 2001). Im Bereich E-Learning gibt es zwar eine Vielzahl von Studien zur Förderung des Lernerfolgs durch E-Learning (u.a. Kerres, 2001; Niegemann, 2001), das Akzeptanzproblem blieb allerdings weitgehend unberücksichtigt.

Zudem wurden Faktoren wie die institutionellen Rahmenbedingungen und die Merkmale der Lernumgebung in bisherigen Studien zur Akzeptanz von E-Learning weitgehend ausgeklammert. Somit sind die vorliegenden Befunde Grundlage für eine weitere gerichtete Untersuchung möglicher Einflussfaktoren von E-Learning.

Die Untersuchung der Akzeptanz von E-Learning in Unternehmen erfordert zudem die Verbindung von Erkenntnissen verschiedener Domänen wie z.B. die betriebswirtschaftliche Implementationsforschung, die pädagogische Psychologie und die Arbeits- und Organisations-Psychologie, wie es in dem vorliegenden Untersuchungsmodell versucht wurde. Somit sollte in Hinblick auf zukünftige Studien eine stärkere Verknüpfung der Erkenntnisse der verschiedensten Domänen erfolgen.

Für die Praxis wird die Förderung der Akzeptanz von E-Learning in Unternehmen ebenso weiter an Bedeutung gewinnen. Vor dem Hintergrund der rasanten technologischen Entwicklungen von E-Learning, wie dem Mobile-Learning, sollte ein besonderes Augenmerk auf der Sicherung der Akzeptanz liegen. Vor dem Hintergrund, dass viele Implementationsvorhaben aufgrund der mangelnden Akzeptanz von Seiten der Mitarbeiter gescheitert sind (Harhoff & Küpper, 2003), ist die genaue Untersuchung von Faktoren zur Akzeptanzforderung auch von wirtschaftlicher Bedeutung für die Unternehmen.

Literaturverzeichnis

Adams, D. A., Nelson R. R. & Todd, P. A. (1992). Perceived Usefulness, Ease of Use and Usage of Information Technology: A Replication. MIS Quarterly, 16 (2), 227-247

Adorno, T.W., Frenkel-Brunswik, E., Levinson, D.J. & Sanford, R.N. (1949). The Personality. New York: Harper's.Agarwal, R. (2000). Individual Acceptance of Information Technology. In R.W. Zmud & M.F. Price (Hrsg.), Framing the domains of IT Management: Projecting the future through the past (S. 85-104). Cincinnati: Pinnaflex.

Ajzen, I. & Fishbein, M. (1980). Understanding attitudes and predicting social behavior. Englewood Cliffs, NJ: Prentice-Hall.

Ajzen, I. & Fishbein, M. (2000). Attitudes and the attitude-behavior relation: Reasoned and automatic processes. European Review of Social Psychology, 10, 1-33.

Ajzen, I. & Madden, T. J. (1986). Prediction of goal directed behaviour: attitude, intentions and perceived behavioural control. Journal of Experimental Social Psychology, 22, 453-474.

Ajzen, I. (1991). The theory of planned behavior. Organizational Behavior and Human Decision Processes, 50, 179-211.

Anstadt, U. (1994). Determinanten der individuellen Akzeptanz bei Einführung neuer Technologien. Eine empirische Studie am Beispiel von CNC-Werkzeugmaschinen und Industrierobotern. Frankfurt: Peter Lang Verlag

Aronson, E., Wilson, T. & Akert, R. (2004). Sozialpsychologie (4. Aufl.). München: Pearson Studium.

ASTD/Masie Center (2001). If we build it, will they come? Alexandria: ASTD Verfügbar: http://www.masie.com/masie/researchreports/ASTD_Exec_Summ.pdf (30.07.04)

Aufenanger, S. (1999). Lernen mit neuen Medien – Was bringt es wirklich? – Forschungsergebnisse und Lernphilosophien. medien praktisch, 4, 4-8.

Ausubel, D. P. (1974). Psychologie des Unterrichts. Weinheim: Beltz.

Back, A. & Bursian, O. (2003). Managerial Aspects of Corporate E-Learning: Insights from a Study of Four Cases. ScomS: New Media in Education ,1, 1-22.

Back, A., Bendel, O. & Stoller-Schai, D. (2001). E-Learning im Unternehmen. Grundlagen – Strategien – Methoden – Technologien. Zürich: Orell Füssli Verlag.

Back, A., Seufert, S. & Kramhöller, S. (1998). Technology enabled Management Education. iomanagement, 3, 36-40.

Bandalos, D. & Benson, J. (1990). Testing the factor structure invariances of a computer attitude scale over two grouping conditions. Educational and psychological measurement, 50, 49-60.

Bandura, A. (1977). Self-efficacy: Toward a unifying theory of behavioral change. Psychological Review, 84, 191-215.

Bandura, A. (1986). Social foundations of thought and action. Englewood-Cliffs: Prentice-Hall.

Bandura, A. (1995). Exercise of personal and collective efficacy in changing societies. In A. Bandura (Hrsg.), Self-efficacy in changing societies (S. 1-46). New York: Cambridge University Press.

Bandura, A. (1997). Self-efficacy: The exercise of control. New York: Freeman.

Bannert, M. & Arbinger, P. R. (1996). Gender-related differences in exposure to and use of computers: Results of a survey of secondary school students. European Journal of Psychology of Education, 11, 269-282.

Barki, H. & Hartwick, J. (1989). Rethinking the Concept of User Involvement. In MIS Quarterly, 13 (2), 52-63

Barki, H. & Hartwick, J. (1994). Measuring User Participation, User Involvement, and User Attitude. MIS Quarterly, 18 (1), 59-82

Behrendt, E. (2004). Moderne Technik und gute Lernkonzepte reichen nicht aus – E-Learning aus soziologischer Perspektive und als Aufgabe der Organisationsentwicklung. In G. Zinke & M. Härtel (Hrsg.), E-Learning: Qualität und Nutzerakzeptanz sichern. Bonn: Bundesinstitut für Bildungsforschung BiBB

Beitinger, G. & Mandl, H. (1992). Entwicklung und Konzeption eines Medienbausteins zur Förderung des selbstgesteuerten Lernens im Rahmen der betrieblichen Weiterbildung. In Deutsches Institut für Fernstudien an der Universität Tübingen. (Hrsg.), Fernstudium und Weiterbildung (S. 95-126). Tübingen: Deutsches Institut für Fernstudien.

Benbasat, I. & Zmud, R. W. (1999). Empirical research in information systems: the practice of relevance. MIS Quarterly, 23 (2), 3-16

Bentham, J. (1989). An Introduction to the Principles of Morals and Legislation. In J. H. Burns & H. L. A. Hart (Hrsg.), An Introduction to the Principles of Morals and Legislation. Oxford: Clarendon Press.

Bentlage, U., Glotz, P., Hamm, I., Hummel, J. (Hrsg.) (2002). E-Learning. Märkte, Geschäftsmodelle, Perspektiven. Gütersloh: Bertelsmann.

Bilger, W. (1991). CIM für mittelständische Unternehmen – Leitfaden zur wirtschaftlichen Einführung. Heidelberg: Physica-Verlag.

Bortz, J. & Döring, N. (2002). Forschungsmethoden und Evaluation für Sozialwissenschaftler. Berlin: Springer.

Bortz, J. (1999). Statistik für Sozialwissenschaftler. Berlin: Springer.

Brehm, J. W. (1966). A Theory of Psychological Reactance. New York.

Brehm, S.S. & Brehm, J.W. (1981). Psychological Reactance – A theory of freedom and control. New York: Academic Press.

Bremer, C. (1999). Virtuelle Konferenzen. In C. Bremer & M. Fechter (Hrsg.), Die Virtuelle Konferenz. Neue Möglichkeiten für politische Kommunikation (S. 19-65). Essen: Klartext.

Breuer, K. & Höhn, K. (1998). Die Implementation eines Qualitätsförderungssystems für berufliche Abschlussprüfungen – Eine Interventionsstudie am Beispiel des neu geordneten Ausbildungsberufs Versicherungskaufmann/Versicherungskauffrau. (Arbeitspapiere Heft 37). Mainz: Universität Mainz, Lehrstuhl für Wirtschaftspädagogik.

Brock, D. B. & Sulsky, L. M. (1994). Attitudes toward computers: Construct validation and relations to computer use. Journal of Organizational Behavior, 15, 17-35.

Brown, A.L. (1978). Knowing when, where, and how to remember: A problem of Metacognition. In R. Glaser (Ed.), Advances in instructional psychology (S. 77-165). Hillsdale, NJ: Erlbaum.

Bruns, B. & Gajewski, P. (1999). Multimediales Lernen im Netz: Leitfaden für Entscheider und Planer. Berlin: Springer.

Bullinger, H.-J. & Stiefel, K.-P. (1997). Unternehmenskultur und Implementierungsstrategien. In M. Nippa & H. Scharfenberg Implementierungsmanagement (S. 133-153). Wiesbaden: Gabler.

Bürg, O. & Mandl, H. (2004). Akzeptanz von E-Learning in Unternehmen (Forschungsbericht Nr. 167). München: Ludwig-Maximilians-Universität, Department Psychologie, Institut für Pädagogische Psychologie.

Bürg, O. & Mandl, H. (2005a). Akzeptanz von E-Learning in Unternehmen. Zeitschrift für Personalpsychologie, 4 (2), 75-85.

Bürg, O. & Mandl, H. (2005b). Implementation of e-learning in companies: Acceptance as central challenge. In H. Gruber, C. Harteis, R. Mulder & M. Rehrl (Eds.) Bridging Individual, Organisational, and Cultural Aspects of Professional Learning (pp 157-164). Regensburg: Roderer.

Bürg, O. (2002). Konzeption und Evaluation eines beispielbasierten virtuellen Tutoriums im Bereich empirischer Forschungsmethoden. München: Unveröff. Magisterarbeit. Ludwigs-Maximilians-Universität, Lehrstuhl für Empirische Pädagogik und Pädagogische Psychologie.

Bürg, O., Kronburger, K. & Mandl, H. (2004). Implementation von E-Learning in Unternehmen – Akzeptanzsicherung als zentrale Herausforderung (Forschungsbericht Nr. 170). München: Ludwig-Maximilians-Universität, Department Psychologie, Institut für Pädagogische Psychologie.

Bürg, O., Winkler, K., Gerstenmaier, J. & Mandl, H. (2004). Design virtueller Lernumgebungen für die universitäre Lehre: Das Lernmodul „Mediendidaktik" für Lehramtstudierende im Aufbaustudiengang Medienpädagogik (Praxisbericht Nr. 29). München: Ludwig-Maximilians-Universität, Department Psychologie, Institut für Pädagogische Psychologie.

Burkhardt, M. E. & Brass, D. J. (1990). Changing Patterns or Patterns of Change: The Effects of a Change in Technology on Social Network Structure and Power. Administrative Science Quarterly, 35 (1), 104-127.

Cognition and Technology Group at Vanderbilt (1992). The Jasper series as an example of anchored-instruction: Theory, program description, and assessment data. Educational Psychologist, 27, 291–315.

Commission of the European Communities. (2001). The eLearning action plan. Designing tomorrow's education. Brussels: European Commission Verfügbar: http://europa.eu.int/eur-lex/en/com/cnc/2001/com2001_0172en01.pdf (11.08.2004)

Compeau, D. R. & Higgins, C. A. (1995). Computer Self-Efficacy: Development of a Measure and Initial Test. MIS Quarterly, 2, 189-211.

Compeau, D., Higgins, C. A., & Huff, S. (1999). Social Cognitive Theory and Individual Reactions to Computing Technology: A Longitudinal Study. MIS Quarterly, 23 (2), 319-339.

Davis, F. D. (1989). Perceived Usefulness, Perceived Ease of Use and User Acceptance of Information Technology, MIS Quarterly, 13 (2), 319-339.

Davis, F. D., Bagozzi R. P. & Warshaw, P. R. (1989). User acceptance of computer technology: A comparison of two theoretical models, Management Science, 35, 982-1003.

Davis, F. D., Bagozzi, R.P. & Warshaw, P. R. (1992). Extrinsic and Intrinsic Motivation to Use Computers in the Workplace. Journal of Applied Social Psychology, 22, 1111-1132.

Deci, E. L. & Ryan, R. M. (1985). Intrinsic motivation and self-determination in human behavior. New York: Plenum Press.

Deci, E. L. & Ryan, R. M. (1991). A motivational approach to self: Integration in personality. In R. Dienstbier (Ed.), Nebraska symposium on motivation, perspectives on motivation (pp. 237-288). Lincoln: University of Nebraska Press.

Deci, E. L. & Ryan, R. M. (1993). Die Selbstbestimmungstheorie der Motivation und ihre Bedeutung für die Pädagogik. Zeitschrift für Pädagogik, 39, 223-238.

Dickenberger, D., Gniech, G. & Grabitz, H. J. (1993). Die Theorie der psychologischen Reaktanz. In: D. Frey & M. Irle (Hrsg.) Theorien der Sozialpsychologie. Band I: Kognitive Theorien (S. 243-274). Göttingen: Huber.

Diehl, J.M. & Kohr, H.U. (1999). Deskriptive Statistik. Frankfurt am Main: Verlag Dietmar Klotz.

Dittler, U. (Hrsg.) (2002). E-Learning: Erfolgsfaktoren und Einsatzkonzepte mit interaktiven Medien. München: Oldenbourg.

Dochy, F. J. R. C. (1992). Assessment of prior knowledge as a determinant for future learning. The use of prior knowledge state tests and knowledge profiles. Utrecht: Uitgeverij Lemma B.V.

Döhl, W. (1983). Akzeptanz innovativer Technologien in Büro und Verwaltung. Göttingen: Vandenhoeck und Ruprecht

Domsch, M. E., Ladwig, D. H. & Siemers, S. H. A. (1995). Innovation durch Partizipation. Eine erfolgsversprechende Strategie für den Mittelstand. Stuttgart: Schäffer-Poeschel.

Doppler, K. & Lauterburg, C. (2002). Change-Management: den Unternehmenswandel gestalten (10. Aufl.). Frankfurt am Main: Campus.

Dweck, C.S. (1996). Capturing the dynamic nature of personality. Journal of Research in Personality, 30, 348-362.

Dweck, C.S. & Legget, E.L. (1988). A social-cognitive approach to motivation and personality. Psychological Review, 95, 256-273.

Entwistle, N. (1988). Motivational factors in students approaches to learning. In R.R. Schmeck (Hrsg.), Learning strategies and learning sytles. Perspectives on individual differences (pp.21-51). New York: Plenum.

Euler, D. & Sloane, P. (1998). Implementation als Problem der Modellversuchsforschung. In Unterrichtswissenschaft, 26, 312-326.

Euler, D. (1992). Didaktik des computerunterstützten Lernens. Praktische Gestaltung und theoretische Grundlagen. Nürnberg: BW Bildung und Wissen Verlag und Software GmbH.

Fischer, F. & Mandl, H. (2002). Lehren und Lernen mit neuen Medien. In R. Tippelt (Hrsg.), Handbuch der Bildungsforschung (S.623-637). Opladen: Leske + Budrich.

Fischer, F., Bouillion, L., Mandl, H. & Gomez, L. (2003). Towards a conceptual and methodological anatomy of Pasteur's Quadrant: Bridging theory and practice in learning environment research. International Journal of Educational Policy, Research & Practice.

Fischer, P.M. & Mandl, H. (1983). Förderung von Lernkompetenz und Lernregulation. Zentrale Komponenten der Steuerung und Regulation von Lernprozessen. In L. Kötter & H. Mandl (Hrsg.), Kognitive Prozesse und Unterricht (S. 263-308). Düsseldorf: Schwann (Jahrbuch der Empirischen Erziehungswissenschaft).

Fischer, S. I. (1997). Multimedia Teleschool: Fernelernen mit neuen Technologien in der Praxis. In L. J. Issing & P. Klimsa (Hrsg.), Information und Lernen mit Multimedia (S. 354-363). Weinheim: PVU.

Fishbein, M. & Ajzen, I. (1975). Belief, Attitude, Intention and Behavior. An Introduction to Theory and Research. Massachuttes: Addison Wesley.

Flavell, J. H. (1979). Metacognition and cognitive monitoring: A new area of cognitive-developmental inquiry. American Psychologist, 34, 906-911.

Frenkel-Brunswik, E. (1949). Intolerance of Ambiguity as an Emotional and Perceptual Personality Variable. Journal of Personality, 18, 108-143.

Frese, E. (2000): Grundlagen der Organisation. Konzept - Prinzipien - Strukturen (8. Aufl.). Wiesbaden: Gabler.

Frey, D. (1994). Bedingungen für ein Center of Excellence. IBM-Nachrichten, 44, 50-57.

Frey, D., Stahlberg, D. & Gollwitzer, P.M. (1993). Einstellung und Verhalten: Die Theorie des überlegten Handelns und die Theorie des geplanten Verhaltens. In: D. Frey & M. Irle (Hrsg.), Theorien der Sozialpsychologie (Bd. I, S. 361-398). Bern: Huber.

Fricke, R. (2001). Evaluation von Multimedia. In L.J. Issing & P. Klimsa (Hrsg.) Information und Lernen mit Multimedia (S.253-267). Weinheim: Beltz.

Friedrich, H. F. & Hesse F. W. (2001). Partizipation und Interaktion im virtuellen Seminar – ein Vorwort. In F. W., Hesse & H. F., Friedrich (Hrsg.), Partizipation und Interaktion im virtuellen Seminar (S. 7-11). Münster: Waxmann.

Fullan, M. G. (1991). The New Meaning of Educational Change. London: Cassell Educational Limited.

Galpin, T.J. (1997). Making Strategy Work - Building Sustainable Growth Capability. San Francisco: Wiley.

Gaßner, W. (1999). Implementierung organisatorischer Veränderungen. Eine mitarbeiterorientierte Perspektive. Wiesbaden: Gabler.

Gefen, D. & Straub, D. (2000). The Relative Importance of Perceived Ease of Use in IS Adoption: A Study of E-Commerce Adoption. Journal of the Association for Information Systems, 1, 1-30.

Gerstenmaier, J. & Mandl, H. (1995). Wissenserwerb unter konstruktivistischer Perspektive. Zeitschrift für Pädagogik, 41, 867-888.

Goertz, L. & Johanning, A. (2004). Das Kunststück, alle unter einen Hut zu bringen. Zielkonflikte bei der Akzeptanz des E-Learning. In S.-O. Tergan & P. Schenkel (Hrsg.), Was macht E-Learning erfolgreich? Grundlagen und Instrumente der Qualitätsbeurteilung (S. 83-92). Berlin: Springer.

Goodhue, D. L. (1995). Understanding User Evaluations of Information Systems, Management Science, 41, 1827-1844.

Goodhue, D.L. & Thompson, R.L. (1995). Task-Technology Fit and Individual Performance, MIS Quarterly, 19 (2), 213-236.

Gräsel, C. & Fischer, F. (2000). Information and communication technologies at schools: A trigger for better teaching and learning? International Journal of Educational Policy, Research, and Practice, 1 (3), 327-336.

Gräsel, C. (1997). Problemorientiertes Lernen. Göttingen: Hogrefe.

Gratton, L. (1996). Implementing a Strategic Vision – Key Factors for Success. Long Range Planning, 3, 290-303.

Haben, M. (2002). E-Learning in large german companies - most of the concepts are not effective. Computerwoche, 22, 12-16.

Habermann, F. & Kraemer, W. (2002). Envisioning E-Learning – Von der Strategie zum detaillierten Projektplan. In W. Kraemer & M. Müller (Hrsg.) Corporate Universities und E-Learning. Personalentwicklung und lebenslanges Lernen. Strategien – Lösungen – Perspektiven. Wiesbaden: Gabler.

Hackmann, J.R. & Lawler, E.E. (1971). Employee Reactions to Job Characteristics. Journal of Applied Psychology Monograph, 51, 263 – 270.

Hammer, M. & Champy, J. (1994). Business Reengineering. Die Radikalkur für das Unternehmen. Frankfurt: Campus.

Harhoff, D. & Küpper, C. (2002). Akzeptanz von E-Learning. München: INNOtec.

Harhoff, D. & Küpper, C. (2003). Verbreitung und Akzeptanz von E-Learning. Ergebnisse aus zwei Befragungen. In: M. Dowling, J. Eberspächer & A. Picot (Hrsg.) E-Learning in Unternehmen. Neue Wege für Training und Weiterbildung (S. 17-41). Berlin: Springer.

Hartley, K. & Bendixen, L. D. (2001). Educational Research in the Internet Age: Examining the role of individual characteristics. Educational Research, 53, 22-25.

Hasenbach-Wolff, M. (1992). Akzeptanz und Lernerfolg bei computerunterstütztem Lernen. (Dissertation). Köln: Koges GmbH.

Henninger, M. (1999). Die Förderung sprachlich-kommunikativen Handelns. München: Unveröff. Habilitationsschrift. Ludwigs- Maximilians- Universität, Lehrstuhl für Empirische Pädagogik und Pädagogische Psychologie.

Henninger, M. (2001). Evaluation von multimedialen Lernumgebungen und Konzepten des e-learning (Forschungsbericht Nr. 140). München: Ludwig-Maximilians-Universität, Department Psychologie, Institut für Pädagogische Psychologie.

Henninger, M., Mandl, H. & Balk, M. (1997). Untersuchung eines konstruktivistisch orientierten Trainingsansatzes in der Weiterbildung. Unterrichtswissenschaft, 25 (4), 365-376.

Hill, T., Smith, N. D. & Mann, M. F. (1987). Role of Efficacy Expactiations in Predicting the Decision to Use Advanced Technologies: The Case of Computers. Journal of Applied Psychology, 3, 307-313.

Hinkofer, L. & Mandl. H. (2004). Implementation von E-Learning in einem Pharmaunternehmen. In G. Zinke & M. Härtel (Hrsg.), E-Learning: Qualität und Nutzerakzeptanz sichern (S. 126-139). Bonn: Bundesinstitut für Berufsbildung.

Huber, G. L. (1993). Europäische Perspektiven für kooperatives Lernen. In G.L. Huber (Hrsg.), Neue Perspektiven der Kooperation (S.244-259). Baltmannsweiler: Schneider-Verlag Hohengehren.

Huber, G. L. (1996). Orientierungsstil und Lernverhalten von Studierenden. In J. Lompscher & H. Mandl (Hrsg.), Lehr- und Lernprobleme im Studium. Bedingungen und Veränderungsmöglichkeiten (S.70-85). Bern: Huber.

Issing, L. J. (2002). Instruktionsdesign für Multimedia. In L. J. Issing & P. Klimsa (Eds.), Information und Lernen mit Multimedia und Internet (pp. 151-176). Weinheim, Germany: Beltz.

Jacobson, M. J. & Spiro, R. J. (1994). Hypertext learning environments, epistemic beliefs, and the transfer of knowledge. In S. Vosniadou, E. DeCorte & H. Mandl (Hrsg.), The psychological and educational foundations of technology-based learning environments (S. 290-295). Berlin: Springer

Jerusalem, M. & Schwarzer, R. (1999). Skala zur Kollektiven Selbstwirksamkeitserwartung. In R. Schwarzer & M. Jerusalem (Hrsg.), Skalen zur Erfassung von Lehrer- und Schülermerkmalen. Berlin: Freie Universität Berlin.

Jerusalem, M. (1990). Persönliche Ressourcen, Vulnerabilität und Streßerleben. Göttingen: Hogrefe.

Joshi, K. (1991). A model of users' perspective on change: the case of information systems technology implementation. In MIS Quarterly, June, 1991, 229-242.

Kaltenbaek, J. (2003). E-Learning und Blended-Learning in der betrieblichen Weiterbidlung. Möglichkeiten und Grenzen aus Sicht von Mitarbeitern und Personalverantwortlichen in Unternehmen. Berlin: Weißensee.

Kanter, R. M. (1983). The change master. New York.

Kischkel, K. H. (1984). Eine Skala zur Erfassung von Ambiguitätstoleranz. Diagnostica, 30 (2), 144-154.

Kißler, L. (Hrsg). (1990). Partizipation und Kompetenz. Beiträge aus der empirischen Forschung. Opladen: Westdeutscher Verlag.

Klauser, F., Hye-On, K. & Born, V. (2004). Erfahrung, Einstellung und Erwartung der Lernenden – entscheidende Determinanten netzbasierten Lernens. Verfügbar: http://www.ibw.uni-hamburg.de/bwpat/ausgabe2/klauser-kimborn_bwpat2.html (22.7.2004).

Klingauf, M. S. (2003). Persönliche und organisationale Einflussfaktoren auf die E-Learning-Nutzung in der betrieblichen Weiterbildung. Eine empirische Untersuchung in der EDS Deutschland GmbH. Unveröffentlichte Diplomarbeit, Universität Mainz.

Kollmann, G., Leuthold, M., Pfefferkorn, W. & Schrefel, Ch. (Hrsg.) (2003). Partizipation. Ein Reiseführer für Grenzüberschreitungen in Wissenschaft und Planung. München: Profil.

Kollmann, T (1998). Akzeptanz innovativer Nutzungsgüter und -systeme. Konsequenzen für die Einführung von Telekommunikations- und Multimediasystemen. Wiesbaden: Gabler.

Kollmann, T. (2000). Die Messung der Akzeptanz bei Telekommunikationssystemen. Wissenschaftsjournal, 2, 68-77.

Kopp, B., Dvorak, S. & Mandl, H. (2003). Evaluation des Einsatzes von Neuen Medien im Projekt „Geoinformation – Neue Medien für die Einführung eines neuen Querschnittfachs" (Forschungsbericht Nr. 161). München: Ludwig-Maximilians-Universität, Department Psychologie, Institut für Pädagogische Psychologie.

KPMG Consulting AG (2001). E-Learning zwischen Euphorie und Ernüchterung. Eine Bestandsaufnahmen zum E-Learning in deutschen Großunternehmen. München: KPMG.

Kraemer, W. & Sprenger, P. (2003). Step by Step – Von der Strategie zur Implementierung. In: P. Köllinger (Hrsg.). Report E-Learning in Deutschen Unternehmen (S. 175 – 235). Düsseldorf: Symposium.

Krallmann, H. (1984). Benutzerbeteiligung bei der Entwicklung von Computersystemen. Verfahren zur Steigerung der Akzeptanz und Effizienz des EDV-Einsatzes. Berlin: Erich Schmidt Verlag.

Krapp, A. (1999). Interest, motivation, and learning: An educational-psychological perspective. European Journal of Psychology of Education, 14, 23-40.

Kremer, H.-H.(2003). Implementation didaktischer Theorie – Innovationen gestalten. Annäherungen an eine theoretische Grundlegung im Kontext der Einführung lernfeldstrukturierter Curricula. Paderborn: Unveröff. Habilitationsschrift: Universität Paderborn.

Lang, M. & Pätzold, G. (2002). Multimedia in der Aus- und Weiterbildung. Grundlagen und Fallstudien zum netzbasierten Lernen. Köln: Fachverlag Deutscher Wirtschaftsdienst.

Langer, I., Schulz von Thun, F. & Tausch, R. (1981). Sich verständlich ausdrücken. München: Reinhardt.

Lazarus, R. S., & Folkman, S. (1984). Stress, appraisal, and coping. New York: Springer.

Leutner, D. (1992). Adaptive Lehrsysteme. Weinheim: Psychologie Verlags Union.

Levine, T. & Donitsa-Schmidt, S. (1997). Computer use, confidence, attitudes, and knowledge: A causal analysis. Computers in Human Behavior, 14, 125-146.

Lim, K. H. & Benbasat, I. (2000). The effect of multimedia on perceived equivocality and perceived usefulness of information systems. In MIS Quarterly, 24 (3), 449-471.

Limayem, M. & Hirt, G.S. (2000, Januar). Internet-Based Teaching: How to Encourage University Students to Adopt Advanced Internet-Based Technologies? Proceedings of the 33rd Hawaii International Conference on System Sciences.

161

Malhotra, Y. & Galletta, D.F. (1999, Januar). Extending the technology acceptance model to account for social influence: theoretical bases and empirical validation. Proceedings of the 32nd Hawaii International Conference on System Sciences.

Malone, T. W. & Lepper, M. R. (1987). Making learning fun: A taxonomy of intrinsic motivations for learning. In R.E. Snow & M.J. Farr (Eds.), Aptitude, learning, and instruction. Vol 3: Cognitive and effective process analyses (S. 223-253). Hillsdale, NJ: Erlbaum.

Mandl, H. & Winkler, K. (2003). Auf dem Weg zu einer neuen Weiterbildungskultur – Der Beitrag von E-Learning in Unternehmen. In: M. Dowling, J. Eberspächer & A. Picot (Hrsg.) E-Learning in Unternehmen. Neue Wege für Training und Weiterbildung (S. 3-16). Berlin: Springer.

Mandl, H., Gruber, H. & Renkl, A. (1997). Situiertes Lernen in multimedialen Lernumgebungen. In L. J. Issing & P. Klimsa (Hrsg.), Information und Lernen mit Multimedia (2. Aufl., S. 167-178). Weinheim: Beltz Psychologie Verlags Union

Mathieson, K. (1991). Predicting user intentions: Comparing the Technology-Acceptance-Model with the theory of planned behaviour. Information Systems Research, 2, 173-191.

Mayer, R. E. (2003). The promise of multimedia learning: using same instructional design methods across different media. Learning and Instruction, 13, 125-139.

McCombs, B. L. & Whisler, J. S. (1989). The role of effective variables in autonomous learning. Educational Psychologist, 24, 277-306.

McKeen, J., Gulmaraes, T. & Wetherbe, J. C. (1994). The relationship between user participation and user satisfaction: an investigation of four consistency factors. MIS Quarterly, 18 (4), 427-451.

Mill, J. S. (1996). Considerations on Representative Government (1861). In J.M. Robson (Hrsg.), Collected Works of John Stuart Mill (S. 371-577) Bd. 19, London:

Miller, K. & Monge, R. (1986). Participation, satisfaction and productivity: a meta-analytic review. Academy of Management Jorunal, 29, 727-753

Moore, C. G. & Benbasat, I. (1991). Development of an instrument to measure the perceptions of adopting an information technology innovation. Information Systems Research, 2, 192-222.

Müller-Böling, D. & Müller, M. (1986). Akzeptanzfaktoren der Bürokommunikation. München: Oldenbourg.

National Research Council. (2001). Scientific inquiry in education. In R. J. Shavelson & L. Towne (Eds.), Committee on Scientific Principles for Education Research (pp 1- 143). Washington, DC: National Academy Press.

Naumann, J. & Richter, T. (1999). Diagnose von Computer Literacy: Computerwissen, Computereinstellungen und Selbsteinschätzungen im multivariaten Kontext. Köln: Universität zu Köln.

Naumann, J. & Richter, T. (2001). Diagnose von Computer Literacy: Computerwissen, Computereinstellungen und Selbsteinschätzungen im multivariaten Kontext. In W. Frindte, T. Köhler, P. Marquet & E. Nissen (Eds.), Internet-based teaching and learning (IN-TELE) 99. Proceedings of IN-TELE 99 / IN-TELE 99 Konferenzbericht (S. 295-302). Frankfurt/M.: Lang.

Niegemann, H. (2001). Neue Lernmedien konzipieren, entwickeln, einsetzen. Bern: Hans Huber.

Niegemann, H. M., Hessel, S., Hochscheid-Mauel, D., Aslanski, K., Deimann, M. & Kreuzberger, G. (2004). Kompendium E-Learning. Berlin: Springer Verlag.

Nielsen, J. (1993). Usability engineering. Chestnut Hill: Academic Press, Inc.

Osman, L. M. & Muir, A. L. (1994). Computer skills and attitudes to computer-aided learning among medical students. Medical Education, 28, 381-385.

Pächter, M. (1997). Auditive und visuelle Texte in Lernsoftware. Unterrichtswissenschaft, 25, 223-240.

Pateman, C. (1970). Participation and Democratic Theory. Cambridge: Mass.

Pearce, J. A. & Robinson, R.B. (1997). Formulation, Implementation and Controlof Competitive Strategy. Mc Graw-Hill: Irwin.

Pintrich, P.R. & Garcia, T. (1993). Intraindividual differences in students´motivation and self-regulated learning. Zeitschrift für Pädagogische Psychologie, 7, 99-107.

Puppe, F., Reinhardt, B. & Schultheis, K. (2001). Computerunterstütztes problemorientiertes Lernen. In J. Desel (Hrsg.) Das ist Informatik (S.135-156) Berlin: Springer.

Raimond, P. & Eden, C. (1990). Making Strategy Work. Long Range Planning, 5, 97-105.

Ram, S. & Jung, H.-S. (1991). „Forced" adoption of innovations in organizations: Consequences and implications. Journal of Product Innovation Management, 8(1), 117-126.

Reglin, T. (2004). Usability – ein Kernbegriff in der Diskussion um die Qualität netzgestützen Lernens. In G. Zinke & M. Härtel (Hrsg.), E-Learning: Qualität und Nutzerakzeptanz sichern. Bonn: Bundesinstitut für Bildungsforschung.

Reigeluth, C. M. (1983). Instructional design: What is it and why is it ? In C. M. Reigeluth (Hrsg.), Instructional Theories and Models: An Overview of Their Current Status (S. 3-36). Hillsdale, NJ: Lawrence Erlbaum Associates.

Reinmann, G. (2002). Mediendidaktik und Wissensmanagement. Verfügbar: http://www.medienpaed.com/02-2/reinmann1.pdf (02.09.2004).

Reinmann-Rothmeier, G. & Mandl (2001). Unterrichten und Lernumgebungen gestalten. In A. Krapp & B. Weidenmann (Hrsg.), Pädagogische Psychologie. Ein Lehrbuch (S.601-646). Weinheim: Beltz.

Reinmann-Rothmeier, G. & Mandl, H. (1998). Wenn kreative Ansätze versanden: Implementation als verkannte Aufgabe. Unterrichtswissenschaft, 26, 292-311.

Reinmann-Rothmeier, G. (2003). Didaktische Innovation durch Blended-Learning. Göttingen: Hans Huber.

Reinmann-Rothmeier, G., Mandl, H. & Ballstaedt, S.-P. (1995). Lerntexte in der Weiterbildung. Gestaltung und Bewertung. Erlangen: Publicis MDC Verlag.

Reinmann-Rothmeier, G., Mandl, H., Götz, K. (1999). Evaluierung eines computerunterstützen Lernprogramms zur Datenadministration. Würzburg: Ergon Verlag.

Reiß, M. (1997). Aktuelle Konzepte des Wandels. In: M. Reiß, L. v. Rosenstiel & A. Lanz (Hrsg.), Change Management (S. 31-90). Stuttgart: Schäffer-Poeschel.

Reiß, M. (1999). Change Management. In L. v. Rosensteil, E. Regnet, M. E. Domsch (Hrsg.), Führung von Mitarbeitern. Handbuch für erfolgreiches Personalmanagement (4. Aufl.), (S. 653-664). Stuttgart: Schäffer-Poeschel.

Renkl, A. (1996). Träges Wissen: Wenn Erlerntes nicht genutzt wird. Psychologische Rundschau, 47, 78-92.

Renkl, A. (1997). Lernen durch Lehren – Zentrale Wirkmechanismen beim kooperativen Lernen. Wiesbaden: Deutscher Universitäts Verlag.

Richter, T., Naumann, J. & Groeben, N. (1999). Das Inventar zur Computerbildung (INCOBI): Ein Instrument zur Erfassung der Computer Literacy und computerbezogenen Einstellungen. Köln: Universität Köln.

Richter, T., Naumann, J. & Horz, H. (1999). Computer Literacy, computerbezogene Einstellungen und Computerbenutzung bei männlichen und weiblichen Studierenden. Köln: Universität zu Köln.

Rosch, M. & Frey, D. (1997). Soziale Einstellungen. In D. Frey & S. Greif (Hrsg.), Sozialpsychologie. Ein Handbuch in Schlüsselbegriffen. (S. 296-305). Weinheim: Beltz.

Rosenberg, M. (2001). E-Learning. Strategies for Delivering Knowledge in the Digital Age. New York: B&T McGraw Hill.

Rosenstiel, L. v. (2000). Grundlagen der Organisationspsychologie. Stuttgart: Schäffer-Poeschel.

Rosenstiel, L. v. (Hrsg.) (1997). Perspektiven der Karriere. Stuttgart: Schäffer-Poeschel.

Ross, A. (2004). Ausgewählte Ergebnisse der "Marktstudie eLearning". In G., Roters, O., Turecek, & W., Klingler (Hrsg.), eLearning. Trends und Perspektiven (61-64). Berlin: VISTAS.

Rousseau, J.-J. (1988). Der Gesellschaftsvertrag. Ditzingen: Reclam.

Sageder, J. (1992). Computerbezogene Vorerfahrungen und Einstellungen bei Studienanfängern. Empirische Pädagogik, 6, 359-376.

Sashkin, M. (1984). Organizational Behaviour: Concepts and Experiences. London: Prentice Hall.

Schiefele, U. & Rheinberg, F. (1997). Motivation and knowledge acquisiton: Searching for mediating processes. In M. L. Maehr & P. Pintrich (Hrsg.), Advances in motivation and achievement (S.251-301). Greenwich: JAI Press.

Schiefele, U. (1996). Motivation und Lernen mit Texten. Göttingen: Hogrefe.

Schmidkonz, Ch. (2002). Erfolgsfaktoren für E-Learning. Berlin: Capgenimi GmbH. Verfügbar: http://www.contentmanager.de/magazin/artikel_139_-erfolgsfaktoren_e_learning.html (11.09.2004).

Schnotz, W. (2001). Wissenserwerb mit Multimedia. Unterrichtswissenschaft, 29 (4),292-318.

Schulmeister, R. (1997). Grundlagen hypermedialer Lernsysteme: Theorie – Didaktik – Design. München: Oldenbourg

Schulmeister, R. (2001). Virtuelles Lehren und Lernen. Didaktische Szenarien und virtuelle Seminare. Verfügbar: http://www.izhd.uni-hamburg.de/pdfs/VirtLernen&Lehren.pdf (03.07.2004)

Schunk, D. H. (1991). Self-efficacy and academic motivation. Educational Psychologist, 26, 207-231.

Schwan, S. & Hesse, F. W. (1998). Lernen mit neuen Medien – vom Medienverbund zum Verbundmedium. In H. Kubicek, H.J. Braczyk, D. Klumpp, G. Müller, W. Neu, R. Eckart & A. Rossnagel (Hrsg.), Lernort Multimedia (S. 45-54). Heidelberg: Von Deckers.

Schwarzer, R. (1994). Optimistische Kompetenzerwartung: Zur Erfassung einer personellen Bewältigungsressource. Diagnostica, 40 (2), 105-123.

Severing, E. (2004). Gestaltungsansätze für E-Learning in KMU. In G. Zinke & M. Härtel (Hrsg.), E-Learning: Qualität und Nutzerakzeptanz sichern (S. 115-125). Bielefeld: Bertelsmann.

Shadish, W. R., Cook, T.D. & Campell, D.T. (2002). Experimental and quasiexperimental designs for generalized causal inference. Boston: Houghton Mifflin.

Sichel, D. E. (1997). The computer revolution. An economic perspective. Washington D.C.: The Brookings Institution.

Simon, B. (2001). E-Learning an Hochschulen. Gestaltungsräume und Erfolgsfaktoren von Wissensmedien. Köln: Josef Eul Verlag.

Simons, P. R. J. (1992). Lernen selbständig zu lernen. Ein Rahmenmodell. In H. Mandl & H. F. Friedrich (Hrsg.), Lern- und Denkstrategien. Analyse und Erwerb (S.251-264). Göttingen: Hogrefe.

Sonntag, Kh., Stegmaier, R. & Jungmann, A. (1998). Implementation arbeitsbezogener Lernumgebungen: Konzepte und Umsetzungserfahrungen. Unterrichtswissenschaft, 26 (3), 327-348.

Stacey, P (2001). E-Learning: The Big 8 – Questions to Answer in Planning & Implementing E-Learning. Verfügbar: http://www.bctechnology.com/statics/pstacey-jul2701.html (03.07.2004).

Stark, R. (1999). Lernen mit Lösungsbeispielen. Einfluss unvollständiger Lösungsbeispiele auf Beispielelaboration, Lernerfolg und Motivation. Göttingen: Hogrefe.

Stark, R. (2001). Analyse und Förderung beispielbasierten Lernens. München: Unveröff. Habilitationsschrift. Ludwigs-Maximilians-Universität, Lehrstuhl für Empirische Pädagogik und Pädagogische Psychologie.

Stark, R., Bürg, O. & Mandl, H. (2002). Optimierung einer virtuellen Lernumgebung zum Erwerb anwendbaren Wissens im Bereich empirischer Forschungsmethoden: Effekte zusätzlicher Strukturierungsmaßnahmen (Forschungsbericht Nr. 151). München: Ludwig-Maximilians-Universität, Department Psychologie, Institut für Pädagogische Psychologie.

Stark, R., Flender, J. & Mandl, H. (2001). Lösungsbeispiel „pur" oder „angereichert"? Bedingungen und Effekte erfolgreichen Lernens mit einem komplexen Lösungsbeispiel im Bereich empirischer Forschungsmethoden und Statistik (Forschungsbericht Nr. 146). München: Ludwig-Maximilians-Universität, Department Psychologie, Institut für Pädagogische Psychologie.

Stark, R., Gruber, H., Renkl, A. & Mandl, H. (1996). „Wenn um mich herum alles drunter und drüber geht, fühle ich mich so richtig wohl"- Ambiguitätstoleranz und Transfererfolg (Forschungsbericht Nr. 75). München: Ludwig-Maximilians-Universität, Department Psychologie, Institut für Pädagogische Psychologie.

Stegmann, K. (2002). NetBite- ein virtuelles Tutorium für die empirischen Forschungsmethoden in der Pädagogik (Unveröffentlichte Magisterarbeit). München: Ludwig-Maximilians-Universität.

Stokes, D. E. (1997). Pasteurs Quadrant: Basic Science and Technological Innovation. Washington D.C.: Brookings Institution Press.

Tarlatt, A. (2001). Implementation von Strategien im Unternehmen. Wiesbaden: Betriebswirtschaftlicher Verlag Dr. Th. Gabler GmbH.

Taylor, S. & Todd, P. (1995). Assessing IT usage: The role of prior experience. MIS Quarterly, 19 (4), 561-570.

Tergan, S.-O. (1997). Hypertexte und Hypermedia: Konzeption, Lernmöglichkeiten, Lernprobleme. In L.J. Issing & P. Klimsa (Hrsg.), Information und Lernen mit Multimedia (S. 122-137). Weinheim PVU.

Tergan, S.-O. (2004). Was macht Lernen erfolgreich? Die Sicht der Wissenschaft. In S.-O. Tergan & P. Schenkel (Hrsg.), Was macht E-Learning erfolgreich? Grundlagen und Instrumente der Qualitätsbeurteilung (S. 15-28). Berlin: Springer Verlag.

Thommen, J.-P. & Achleitner, A.-K. (2003). Allgemeine Betriebswirtschaftslehre. Umfassende Einführung aus managementorientierter Sicht. Wiesbaden: Gabler.

Tröndle, P., Fischer, F. Mandl, H., Koch, J. Teege, G. & Schlichter, J. (1999). Multimediales Lernen an der Universität – Munich Net-based learning in Computer (Forschungsbericht 107). München: Ludwig-Maximilians-Universität, Department Psychologie, Institut für Pädagogische Psychologie.

Venkatesh, V. & Davis, F.D. (2000). A Theoretical Extension of the Technology Acceptance Model: Four Longitudinal Field Studies. Management Science, 46, 186-204.

Venkatesh, V. (1999). Creation of Favorable User Perceptions: The Role of Intrinsic Motivation. MIS Quarterly, 23(2), 239-260.

Venkatesh, V. (2000). Determinants of Perceived Ease of Use: Integrating Perceived Behavioral Control, Computer Anxiety and Enjoyment into the Technology Acceptance Model. Information Systems Research, 11, 342-365.

Venkatesh, V., Morris, M.G., Davis, F.D., & Davis, G.B. (2003). User Acceptance of Information Technology: Toward a Unified View. MIS Quarterly, 27(3), 425-478.

Venkatesh, V., Speier, C., and Morris, M. G (2002). User Acceptance Enablers in Individual Decision-Making About Technology: Toward an Integrated Model. Decision Sciences, 33, 297-316.

Volery, T. & Lord, D. (2000). Critical Success Factors in online Education. The Inernational Journal of Educational Management, 14, 216-223.

Webster, J. & Martocchi, J. (1993). Microcomputer Playfulness: Development of a Measure With Workplace Implications. MIS Quarterly, 6 (2), 201-226.

Weidenmann, B. (1993). Instruktionsmedien. München: Universität der Bundeswehr, Institut für Erziehungswissenschaften und Pädagogische Psychologie.

Weidenmann, B. (2000). Lehr-Lernforschung und Neue Medien. In B. Herzig (Hrsg.), Medien machen Schule (S. 89-108). Bad Heilbrunn: Klinkhardt.

Weidenmann, B. (2001). E-Learning - Eine Einführung. In B. Meissner & U. Reinhard (Hrsg.), Who is who in multimedialer Bildung. Heidelberg: whois Verlag und Vertriebsgesellschaft.

Weinert, F. E. (1982). Selbstgesteuertes Lernen als Voraussetzung, Methode und Ziel des Unterrichts. Unterrichtswissenschaft, 10 (2), 99-110.

Wild, E., Hofer, M., & Pekrun, R. (2001). Psychologie des Lernens. In: A. Krapp & B. Weidenmann (Hrsg), Pädagogische Psychologie (S.207-272). Weinheim: Beltz.

Wilson, T. D., Dunn, D. S., Kraft, D. & Lisle, D. L. (1989). Introspection, attitude change, and attitude-behavior consistency: The disruptive effetcs of explaining why we feel the way we do. Advances in experimental social psychology, 3, 287-343.

Winkler, K., Mandl, H., Heuser, B. & Weber, W. (in Druck). Einführung in der Weiterbildung der Pharmareferenten bei ALTANA Pharma Deutschland. In A. Hohenstein & K. Wilbers (Hrsg.) Handbuch E-Learning. Köln: Cluver Verlag.

Yi, M. Y. & Davis, F. (2001). Improving Computer Training Effectiveness for Decision Technologies: Behavior Modeling and Retention Enhancement. Decision Sciences, 3, 186-204.

Yi, M. Y. & Venkatesh, V. (1996). Role of Computer Self-Efficacy in Predicting User Acceptance and Use of Information Technology. Verfügbar: http://hsb.baylor.edu/ramsower/ais.ac.96/papers/mun.htm (20.7.2004).

Abbildungsverzeichnis

Tabellenverzeichnis

Anhang

Fragebögen

Fragebogen Studie 1

Fragebogen zur Nutzung des virtuellen Konferenzraums nach Abschluss der Produktschulung

Sehr geehrte Teilnehmer. In diesem Fragebogen interessieren uns vor allem die Rahmenbedingungen während der Schulung und die Nutzung des virtuellen Konferenzraums. Diesmal führen wir, wie Sie sehen, die Befragung per e-mail durch. Wir gewährleisten auch hier, dass Ihre Daten absolut vertraulich behandelt werden. Ihr Name taucht in der Untersuchung nicht auf, darum erheben wir einen anonymen Code.

Bitte geben Sie hier Ihren Code ein:

2. Buchstabe des Mädchennamens Ihrer Mutter	5. Buchstabe des Vornamens Ihrer Mutter	Geburtstag Ihrer Mutter (ttmm)

Rahmenbedingungen während der Schulung	
Mir wurden genügend Freiräume zur Verfügung gestellt, um an den Sitzungen im virtuellen Konferenzraum teilzunehmen.	bitte auswählen
Ich empfinde den *virtuellen Konferenzraum* als Zusatzbelastung zu meiner täglichen Arbeit.	bitte auswählen

Durch die Sitzungen im *virtuellen Konferenzraum* erhalte ich wichtige Informationen für meine Arbeit.	bitte auswählen
Der *virtuelle Konferenzraum* ermöglicht mir einen schnelleren Informationsaustausch mit meinen Kollegen.	bitte auswählen
Meiner Meinung nach ist der *virtuelle Konferenzraum* gut in meine tägliche Arbeit integriert.	bitte auswählen
Ich hatte während der Teilnehme am *virtuellen Konferenzraum* keine technischen Probleme.	bitte auswählen
Die Geschwindigkeit des Seitenaufbaus war zufrieden stellend.	bitte auswählen
Die Beiträge der Moderatoren waren für mich erst nach einer größeren zeitlichen Verzögerung sichtbar/ hörbar.	bitte auswählen
Die technische Bedienung des *virtuellen Konferenzraums* fiel mir leicht.	bitte auswählen
Die Übertragung der Diskussionsbeiträge verlief ohne Probleme und ohne nennenswerte Verzögerungen.	bitte auswählen
Das Anfordern und Übernehmen des Mikrofons ist einfach zu handhaben.	bitte auswählen
Ich halte die zusätzliche Kommunikationsmöglichkeit „Lachen" als Ausdruck von Belustigung für eine sinnvolle Ergänzung.	bitte auswählen

Ich halte die zusätzliche Kommunikationsmöglichkeit „Applaus" als Ausdruck von Zustimmung für eine sinnvolle Ergänzung.	bitte auswählen
Die Funktionen „Applaus und Lachen" wird von mir gezielt eingesetzt.	bitte auswählen
Die im *virtuellen Konferenzraum* bearbeiteten Übungsaufgaben halte ich für sinnvoll.	bitte auswählen
Insgesamt fiel mir die Orientierung auf der Plattform leicht.	bitte auswählen
Bei technischen Fragen fühlte ich mich gut betreut.	bitte auswählen
Bei inhaltlichen Fragen fühlte ich mich gut betreut.	bitte auswählen
Ich hätte mir bei Diskussionen im *virtuellen Konferenzraum* mehr Moderation von Seiten des E-Trainer erhofft.	bitte auswählen
Die Moderation der Diskussion im *virtuellen Konferenzraum* durch den E-Trainer war hilfreich.	bitte auswählen

Zukünftige Nutzung von APOLLO und des Virtuellen Konferenzraums	
Ich kann mir vorstellen den *virtuellen Konferenzraum* auch in Zukunft zum Informationsaustausch zu nützen.	bitte auswählen
Ich kann mir vorstellen den *virtuellen Konferenzraum* auch in Zukunft zum Wissensaustausch zu nützen.	bitte auswählen
Ich kann mir vorstellen den *virtuellen Konferenzraum* auch in Zukunft zur Kommunikation mit Kollegen zu	bitte auswählen

nützen.

Aktuelle Nutzung der Plattform und des Virtuellen Konferenzraums

Wie oft nutze ich APOLLO momentan?	mal pro Woche

Persönlicher Nutzen

Der Einsatz des *virtuellen Konferenzraums* ist sinnvoll für meine Arbeit.	bitte auswählen

Abschließende Fragen

Insgesamt beurteile ich die Information über die Ziele des neuen Ausbildungskonzepts folgendermaßen (bitte nach Schulnotensystem bewerten)	bitte auswählen
Insgesamt fühle ich mich in den Entscheidungsprozess einbezogen (bitte nach Schulnotensystem bewerten)	bitte auswählen

Zusammenfassend finde ich die Nutzung des virtuellen Konferenzraums in meiner Arbeit:
(bitte jeweils eine Antwortmöglichkeit auswählen)

☐ sehr sinnvoll	☐ sinnvoll	☐ eher sinnvoll	☐ weder noch	☐ eher sinnlos	☐ sinnlos	☐ sehr sinnlos
☐ sehr negativ	☐ negativ	☐ eher negativ	☐ weder noch	☐ eher positiv	☐ positiv	☐ sehr positiv
☐ sehr nachteilig	☐ nachteilig	☐ eher nachteilig	☐ weder noch	☐ eher vorteilhaft	☐ vorteilhaft	☐ sehr vorteilhaft
☐ sehr gut	☐ gut	☐ eher gut	☐ weder noch	☐ eher schlecht	☐ schlecht	☐ sehr schlecht

Erster Fragebogen Studie 2

Sehr geehrte Teilnehmer !

In diesem Fragebogen interessieren wir uns vor allem für Ihre Lernvoraussetzungen, Ihre Computervorkenntnisse und Ihre Motivation mit dem Fallbasierten Zugang zu lernen.

Diese Daten werden für die wissenschaftliche Untersuchung von Zusammenhängen dieser Daten mit der Akzeptanz für den Fallbasierten Zugang erhoben. Wir versichern Ihnen, dass diese absolut **anonym** behandelt werden.

Im Laufe der nächsten Wochen (nach der Bearbeitung der Fälle) erhalten Sie einen weiteren Fragebogen, in dem der persönliche Nutzen/die Relevanz der Inhalte, die Bedienbarkeit des Programms, die Akzeptanz und Verbesserungsvorschläge erhoben werden.

Es gibt hier keine „richtigen" oder „falschen" Antworten. Versuchen Sie, spontan zu antworten, jedoch nicht, ohne die jeweiligen Antworten gründlich gelesen zu haben.

Die Untersuchung wird per Mail durchgeführt.

Ihr Name taucht in der Untersuchung nicht auf, darum erheben wir einen **anonymen Code**.

Bitte speichern sie den Fragebogen nachdem Sie Ihn ausgefüllt haben ab (damit Ihre Antworten gespeichert bleiben). Vielen Dank !!!

Bitte geben Sie hier Ihren Code ein:

2. Buchstabe des 5. Buchstabe des Geburtstag Ihrer Mutter
Mädchennamens Vornamens Ihrer Mutter (ttmm)
Ihrer Mutter

Wenn mir jemand Widerstand leistet, finde ich Mittel und Wege mich durchzusetzen.	bitte auswählen
Für jedes Problem habe ich eine Lösung.	bitte auswählen
Schwierigkeiten sehe ich gelassen entgegen, weil ich mich immer auf meine Fähigkeiten verlassen kann.	bitte auswählen
Wenn ich mit einer neuen Sache konfrontiert werde, weiß ich, wie ich damit umgehen kann.	bitte auswählen
Was auch immer passiert, ich werde schon klarkommen.	bitte auswählen
Ich weiß gern, was auf mich zukommt.	bitte auswählen
Ich habe es gern, wenn die Arbeit gleichmäßig verläuft.	bitte auswählen
Für mich ist es eine Herausforderung, neue Aufgaben zu lösen.	bitte auswählen
Ich probiere gerne neue Vorgehensweisen aus.	bitte auswählen
Wenn ich mich mit neuen Aufgaben beschäftige ist es mir recht, wenn ich weiß, was auf mich zukommt.	bitte auswählen
Mit Arbeitsaufträgen, deren Lösungsvorgehen nicht vorgegeben ist, zu arbeiten fällt mir schwer.	bitte auswählen
Für mich ist der Computer ein nützliches Arbeitsmittel.	bitte auswählen
Es gibt viele Arbeiten, die ich mit dem Computer leichter und schneller verrichten kann als ohne.	bitte auswählen
Bei einem großen Teil meiner Arbeit ist der Computer ein nützliches Gerät für mich.	bitte auswählen
Ich kann mir das Arbeiten ohne Computer kaum noch vorstellen.	bitte auswählen

Um den Computer als Lernmittel zu verwenden, ist er mir zu unsicher.	bitte auswählen
Ich glaube, dass die Schulung per Computer besser in meinen Arbeitsablauf integrierbar ist als andere Schulungen.	bitte auswählen
Im Umgang mit Computern fühle ich mich sicher.	bitte auswählen
Die Verwendung unbekannter Software kann ich schnell erlernen.	bitte auswählen
Mit den Fehlermeldungen meines Computer kann ich in der Regel etwas anfangen.	bitte auswählen
Bei auftretenden Computerproblemen frage ich meist andere Leute.	bitte auswählen
Ich würde gerne mehr über die Themen des Fallbasierten Zugangs wissen, als ich jetzt weiß.	bitte auswählen
Die Themen des Fallbasierten Zugangs sind mir gleichgültig.	bitte auswählen
Es macht mir Spaß, mein Wissen der Medizin in Arbeitssituationen anzuwenden.	bitte auswählen
Ich bin an den Themen des Fallbasierten Zugangs interessiert.	bitte auswählen
Ich bin froh, wenn ich mit den Themen des Fallbasierten Zugangs wenig zu tun habe.	bitte auswählen
Ich finde die Auseinandersetzung mit Fragen des Fallbasierten Zugangs spannend.	bitte auswählen
Ich beschäftige mich vor allem mit den Themen des Fallbasierten Zugangs, weil ich dies tun muss.	bitte auswählen
Wenn ich in meinem Beruf weiterkommen will, dann muss ich mich mit den Themen des Fallbasierten Zugangs gut auskennen.	bitte auswählen
Man muss gute Kenntnisse über die Themen des Fallbasierten Zugangs haben, um in meinem Beruf erfolgreich zu sein.	bitte auswählen

Vielen Dank für Ihre Mitarbeit!

Zweiter Fragebogen Studie 2

Sehr geehrte Teilnehmer !

In diesem Fragebogen interessieren wir uns vor allem für Ihre Erfahrungen bei der Bearbeitung des „Fallbasierten Zugangs" und wie sie die Gestaltung der Fälle fanden. Zudem werden Ihre persönliche Nutzeneinstellung sowie Ihre Akzeptanz des „Fallbasierten Zugangs" erhoben.

Wir versichern Ihnen, dass diese absolut **anonym** behandelt werden.

Auch in diesem Fragebogen gibt es keine „richtigen" oder „falschen" Antworten. Versuchen Sie, spontan zu antworten, jedoch nicht, ohne die jeweiligen Antworten gründlich gelesen zu haben. Die Untersuchung wird per Mail durchgeführt.

Wie in der ersten Befragung erheben wir einen **anonymen Code**.

Bitte speichern sie den Fragebogen nachdem Sie Ihn ausgefüllt haben ab (damit Ihre Antworten gespeichert bleiben). Vielen Dank !!!

Bitte geben Sie hier Ihren Code ein:

2. Buchstabe des Mädchennamens Ihrer Mutter	5. Buchstabe des Vornamens Ihrer Mutter	Geburtstag Ihrer Mutter (ttmm)

Mir wurde klar, in welchen praktischen Situationen ich das neu erworbene Wissen verwenden kann.	bitte auswählen
Im „Fallbasierten Zugang" habe ich mein Fachwissen erweitert.	bitte auswählen
Im „Fallbasierten Zugang" habe ich viel Neues gelernt.	bitte auswählen

179

Durch den „Virtuellen Zugang" fällt es mir jetzt leichter, für ein Beratungsgespräch Argumente zu sammeln.	bitte auswählen
Die Möglichkeiten, den Lernweg ausreichend an meine individuellen Bedürfnisse anzupassen, sind gegeben.	bitte auswählen
Die Fragen des Arztes im „Fallbasierten Zugang" könnten auch bei einem meiner Beratungsgespräche auftreten.	bitte auswählen
Die neuen Informationen wurden in einem für mich relevanten Problemkontext präsentiert.	bitte auswählen
Die Orientierung an konkreten Praxisbeispielen hat mein Verständnis des Inhalts erleichtert.	bitte auswählen
Die Rahmenhandlung weckte starke Assoziationen mit meiner Arbeitssituation.	bitte auswählen
Der „Fallbasierte Zugang" hat mir geholfen, Zusammenhänge besser zu verstehen.	bitte auswählen
Authentische Fälle veranschaulichen den Inhalt.	bitte auswählen
Der „Fallbasierte Zugang" bot mir genügend Möglichkeiten mein neu erworbenes Wissen anzuwenden.	bitte auswählen
Ich hatte beim Bearbeiten des „Fallbasierten Zugangs" die Möglichkeit, mich selbst mit den Inhalten auseinander zusetzen.	bitte auswählen
Die eigenaktive Auseinandersetzung mit den Inhalten wird im „Fallbasierten Zugang" ermöglicht.	bitte auswählen
Ich wusste stets, wie ich Hilfestellungen zum Lösen der Aufgaben bekomme.	bitte auswählen
Ich erhielt stets exakte und zeitnahe Rückmeldungen zu meinen Handlungen.	bitte auswählen
Mir wurde verständlich vermittelt, wie ich einzelne Aufgaben lösen kann.	bitte auswählen
Die Bilder sind anschaulich.	bitte auswählen
Ich erhielt stets exakte Rückmeldungen zu meinen Handlungen.	bitte auswählen
Die Texte sind verständlich geschrieben.	bitte auswählen
Fachwörter werden erklärt.	bitte auswählen
Die Texte sind präzise verfasst.	bitte auswählen

Die Bilder sind inhaltlich verständlich.	bitte auswählen
Die Möglichkeiten, die Lerngeschwindigkeit ausreichend an meine individuellen Bedürfnisse anzupassen, sind gegeben.	bitte auswählen
Die Bilder sind für das Verständnis hilfreich.	bitte auswählen
Text und Bilder sind aufeinander bezogen.	bitte auswählen
Das erworbene Wissen wurde durch mediale Visualisierungen vertieft.	bitte auswählen
Die mediale Gestaltung des Fallbasierten Zugangs war für das Lernen hilfreich.	bitte auswählen
Die Bilder halfen, die Erläuterungstexte, die als zusätzliche Informationen angeboten werden, besser zu verstehen.	bitte auswählen
Die Inhalte des „Fallbasierten Zugangs" sind für meine weitere Arbeit hilfreich.	bitte auswählen
Ich kann mir vorstellen, einzelne Fälle des Fallbasierten Zugangs zur Wiederholung nochmals durchzuarbeiten.	bitte auswählen
Wie oft bearbeite ich den Fallbasierten Zugang momentan?	bitte auswählen
Die Bearbeitung des Fallbasierten Zugangs ist sinnvoll für meine Arbeit.	bitte auswählen
Die mediale Aufbereitung der Inhalte hat geholfen, Zusammenhänge besser zu verstehen.	bitte auswählen
Die Erläuterungen der Experten waren mir eine große Hilfe.	bitte auswählen

Zusammenfassend finde ich die Nutzung des Fallbasierten Zugangs in meiner Arbeit

(bitte pro Zeile eine Antwortmöglichkeit auswählen):

sehr sinnvoll	sinnvoll	eher sinnvoll	weder noch	eher sinnlos	sinnlos	sehr sinnlos
☐	☐	☐	☐	☐	☐	☐

sehr negativ	negativ	eher negativ	weder noch	eher positiv	positiv	sehr positiv
☐	☐	☐	☐	☐	☐	☐

sehr nachteilig	nachteilig	eher nachteilig	weder noch	eher vorteilhaft	vorteilhaft	sehr vorteilhaft
☐	☐	☐	☐	☐	☐	☐

sehr gut	gut	eher gut	weder noch	eher schlecht	schlecht	sehr schlecht
☐	☐	☐	☐	☐	☐	☐

Vielen Dank für Ihre Mitarbeit!

Danksagung

Das vorliegende Buch möchte einen Beitrag dazu leisten, Förderungsmöglichkeiten der Akzeptanz von E-Learning in Unternehmen theoriebasiert abzuleiten und empirisch zu überprüfen.

An erster Stelle möchte ich Herrn Prof. Dr. Heinz Mandl für die vielen konstruktiven Anregungen und die unermüdliche Unterstützung während des Entstehungsprozesses danken. Von der stets positiven Zusammenarbeit habe ich sehr viel profitiert.

Vielen Dank auch Herrn Prof. Dr. Michael Henninger für seine für diese Arbeit essentiellen Anmerkungen und Ratschläge und insbesondere auch für die aufbauenden Worte in schwierigen Zeiten.

Darüber hinaus möchte ich mich bei Herrn Prof. Dr. Robin Stark für die hilfreichen methodischen Ratschläge, Herrn Andreas Schratzenstaller, Frau Melanie Germ M.A. und Frau Veronika Haas für das Korrekturlesen dieser Arbeit (was in diesem Fall eine wirklich aufwändige Sache war) und Herrn Christopher Frank für das finale Layout dieser Arbeit bedanken.

Meinen Kollegen Frau Dr. Katharina Schnurer, Frau Susanne Dvorak M.A. und Herrn Dr. Jan Hense bin ich zu besonderem Dank verpflichtet, da sie meinen wechselnden Stimmungen mit einer bewundernswerten Geduld begegneten und mir immer mit Rat und Tat zur Seite standen.

Vielen Dank an ALTANA Pharma Deutschland GmbH, besonders an Herrn Walter Weber, der mich bei der Durchführung der beiden empirischen Studien unterstützt hat.

Zudem möchte ich mich bei der Friedrich-Ebert-Stiftung für die großzügige finanzielle Unterstützung der Arbeit herzlich bedanken.

Um angemessen auszudrücken wofür ich Kristina Maaßen und meiner Familie danke, bräuchte ich viele Worte, die diesen Text sprengen würden. Ihr wisst aber wie wichtig ihr für mich in dieser Zeit wart und immer noch seid.